[MIRROR]
理想国译丛
058

想象另一种可能

理
想
国
imaginist

理想国译丛序

"如果没有翻译,"批评家乔治·斯坦纳(George Steiner)曾写道,"我们无异于住在彼此沉默、言语不通的省份。"而作家安东尼·伯吉斯(Anthony Burgess)回应说:"翻译不仅仅是言辞之事,它让整个文化变得可以理解。"

这两句话或许比任何复杂的阐述都更清晰地定义了理想国译丛的初衷。

自从严复与林琴南缔造中国近代翻译传统以来,译介就被两种趋势支配。

它是开放的,中国必须向外部学习;它又有某种封闭性,被一种强烈的功利主义所影响。严复期望赫伯特·斯宾塞、孟德斯鸠的思想能帮助中国获得富强之道,林琴南则希望茶花女的故事能改变国人的情感世界。他人的思想与故事,必须以我们期待的视角来呈现。

在很大程度上,这套译丛仍延续着这个传统。此刻的中国与一个世纪前不同,但她仍面临诸多崭新的挑战。我们迫切需要他人的经验来帮助我们应对难题,保持思想的开放性是面对复杂与高速变化的时代的唯一方案。但更重要的是,我们希望保持一种非功利的兴趣:对世界的丰富性、复杂性本身充满兴趣,真诚地渴望理解他人的经验。

理想国译丛主编

梁文道　刘瑜　熊培云　许知远

[英]保罗·科利尔 著　　张羽 译

最底层的十亿人：
贫穷国家为何失败？

PAUL COLLIER

THE BOTTOM BILLION:
WHY THE POOREST COUNTRIES ARE FAILING
AND WHAT CAN BE DONE ABOUT IT

上海三联书店

THE BOTTOM BILLION by Paul Collier
Copyright © 2007, Paul Collier
All rights reserved

著作权合同登记图字：09-2022-0302

图书在版编目（CIP）数据

最底层的十亿人：贫穷国家为何失败？/（英）保罗·科利尔著；张羽译. -- 上海：上海三联书店，2022.9

ISBN 978-7-5426-7776-1

Ⅰ.①最… Ⅱ.①保…②张… Ⅲ.①贫困问题—研究—非洲 Ⅳ.① F113.9

中国版本图书馆 CIP 数据核字 (2022) 第 134559 号

最底层的十亿人：贫穷国家为何失败？
[英] 保罗·科利尔 著　张羽 译

责任编辑 / 苗苏以
特约编辑 / 朱天元　魏钊凌
装帧设计 / 陆智昌
内文制作 / 陈基胜
责任校对 / 张大伟
责任印制 / 姚　军

出版发行 / 上海三联书店
　　　　（200030）上海市漕溪北路331号A座6楼
邮购电话 / 021-22895540
印　　刷 / 山东临沂新华印刷物流集团有限责任公司

版　次 / 2022 年 9 月第 1 版
印　次 / 2022 年 9 月第 1 次印刷
开　本 / 965mm × 635mm　1/16
字　数 / 202千字
印　张 / 18
书　号 / ISBN 978-7-5426-7776-1/F·868
定　价 / 75.00元（精装）

如发现印装质量问题，影响阅读，请与印刷厂联系：0539-2925659

目 录

前　言 001

第一篇　问题何在?

第一章　落后与崩解：最底层的 10 亿人 011

第二篇　陷阱

第二章　冲突陷阱 029
第三章　自然资源陷阱 057
第四章　深处内陆并与恶邻为伴 077
第五章　小国的不良治理 090

第三篇　中场：全球化能拯救他们吗?

第六章　在迷失方向的船上：
　　　　被全球经济边缘化的最底层的 10 亿人 107

第四篇　救助之道

第七章　援助可以拯救他们吗？ 133
第八章　军事干涉 167
第九章　法律与章程 180
第十章　扭转边缘化的贸易政策 208

第五篇　为最底层的 10 亿人而奋斗

第十一章　行动纲领 231

本书的研究基础 255
索引 259

前　言

1968年，我还是牛津大学的一名学生。记得那时我参加了一个名为"牛津革命社会主义学生会"（Oxford Revolutionary Socialist Students）的组织，这个名字现在看来很荒唐，但是在那时一切都十分单纯朴实。毕业的时候，我希望将所学的经济学知识用在非洲。那些新的非洲国家百废待兴，可几乎没有一个非洲人接受过我所经历的教育。当时，牛津大学的许多学生家里都与非洲有联系，因为他们的先辈曾是殖民地的管理者。我的情况并不是这样，我父亲是约克郡的一名屠夫。但是，某些家里有这类联系的同学肯定影响了我：我朋友的父亲曾经是一个叫尼亚萨兰（Nyasaland）的小国的总督，因此我读了一些与它相关的书。那时候的阅读经验让我下定决心到那里去。后来这个殖民地改名为马拉维（Malawi），它是非洲大陆上最贫穷的国家。给国家改名容易，可要改变它的境况就没那么容易了——35年过去了，马拉维还是同当初一样穷得叮当响。

我怀疑，就算再过35年，那里也不会有很大的改观，除非……本书就是要讨论这个"除非"。

在过去的35年里，马拉维并没有什么改变。在某种意义上，我也没有什么改变，仍然在研究非洲，只不过现在是以牛津大学教授的身份。这期间，我曾在哈佛大学担任教授，经乔·施蒂格利茨（Joe Stiglitz）引荐，担任了世界银行研究部门的主管，以加强该机构对这些最贫困国家的关注。事实上，我在世界银行的第一项任务，便是与乔一同前往埃塞俄比亚。因为我刚刚完婚，那次旅行便成了我的蜜月之旅，但同行的却是乔而非我的妻子。幸运的是，我的妻子十分理解我——也不知是因为巧合还是因为志趣相投，她大学毕业后曾在马拉维工作过。

本书要探讨的，是那些与马拉维和埃塞俄比亚相仿，处于世界经济体系最底层的少数发展中国家。其中一些国家，像马拉维，始终处于最底层。还有一些国家，比如塞拉利昂，一度只比中国或者印度稍稍贫困一些。这些处于最底层的国家，其独特之处不仅在于极度贫困，还在于它们在发展上遭遇的失败。它们并没有遵循大多数其他国家的发展轨迹，它们随波逐流，无依无靠。随着曾经贫穷的印度与中国等类似的国家经历了经济上的快速发展，全球的贫困图景变得扑朔迷离起来，掩盖了这种分化局势。当然，有表现相对不错的国家，就肯定会有表现相对糟糕的国家。但是那些处于最底层的国家经历的衰退并不是相对的，它们的衰退往往是绝对的。这些国家中的许多并不只是落后了，而是正在分崩离析。

在过去的几年间，我大部分的研究集中在内战上。我想弄明白,为什么内战日益集中爆发于非洲的低收入地区。渐渐地,我提出了"冲突陷阱"这个概念。它向我们揭示了特定的经济状况会使一个国家走向内战,以及冲突一旦爆发,暴力的循环就会变成一种难以逃脱的陷阱。我意识到,冲突陷阱这个概念可以用来解释为何这些国家处在世界经济的最底层。但研究到这一步还不够。马拉维独立之后并没有发生过内战,可仍然没有走向发展。肯尼亚与尼日利亚这两个国家——我在职业生涯的不同阶段出版了关于它们的著作——也没有发展起来,它们的情况和马拉维不一样,而且两国相互之间也各不相同。我并不相信贫困本身是一种陷阱。这些国家的经济失败是在全球经济大发展的背景下发生的,全球的大多数人都在摆脱贫困的道路上。自1980年以来,世界贫困率有史以来第一次下降了。贫困也不仅仅是非洲的问题。世界的其他地方同样有发展失败的国家,比如海地、老挝、缅甸以及中亚的一些国家,其中以阿富汗最为引人注目。想要用一种原因解释所有这些不同的发展失败,是行不通的。

关于发展失败的单因素论之所以如此普遍,部分原因是现代的学者倾向于专门深入的研究:他们接受的训练,就是为了生产深奥但狭隘的解释。然而,在我的职业生涯中,我写过的著作涵盖农村发展、劳动力市场、宏观经济冲击、投资、冲突等主题。我还为乔·施蒂格利茨工作过一段时间。他兴趣广泛,对许多事务都有独到的见解。如此宽阔的视野自有它的优势。最终我发现了四个不同的陷阱理论,解释了这些目前处于最底层的国家所面临的处境。这些国家共计拥有10亿人口。如果对这个群体坐视不理，他们就会在未来的几十年内与世界其他的经济体脱钩，成为一个充满痛苦与不满的"隔都"*。

这些最底层国家面临的问题，与过去40年我们所说的"发展中国家"处理的问题截然不同——最发达国家的人口只占世界总人口的六分之一，其余的所有国家囊括了世界60亿人中的50亿人；一直以来，我们都将这些国家定义为发展中国家。但是，并非所有的发展中国家都是一样的。那些发展失败的国家面临的棘手问题在成功国家中并不存在。事实上，我们已经完成了全球发展中比较容易的部分，现在要完成那些剩余的工作变得更难了。可我们必须完成它们，因为对于一个富足的世界来讲，存在着一个拥有10亿人口的贫穷隔都，这是我们无法忍受的。

不幸的是，事情不是把我们的钱捐给这些国家那么简单。如果是这样，问题会变得相对容易，因为这些国家并不算多。除了一些特殊情况，在这些国家的环境里，援助并不能很好地解决问题，至少就过去的经验来看是这样。最底层国家的社会变革必须主要来自这些社会的内部，我们不可以将变革强加给它们。在所有这些社会中，都存在着期待变革的勇敢人民与反对变革的既得利益集团之间的斗争。迄今为止，我们很大程度上是这场斗争的旁观者。我们可以做更多的事情，助改革者一臂之力。但是要做到这一点，我们需要借助一些手段，比如军

---

* 隔都（getto），指出于对某种少数群体的歧视或迫害，在一座城市中专门给其划出的一片区域，以便限制该群体的居住与活动范围。隔都往往比城市中的其他区域更贫穷。（本书脚注若无特别说明均为译注）

事干涉、国际准则的确立和贸易政策。到目前为止，这些手段都被用在了其他目的上。掌握这些手段的机构对最底层的10亿人面对的这些问题既不了解也没有兴趣。这些机构需要学习，各国政府也需要学习如何协调这一系列牵涉广泛的政策。

这些想法可以跨越政治分歧的鸿沟，打开我们的视野。左派会发现，他们瞧不上的那些手段，比如军事干预、贸易以及促进经济增长，是实现他们长期以来拥护的目标之关键手段。右派会发现，与缓解全球贫困的挑战不同，最底层那10亿人的问题不会随着全球经济的增长而自动得到解决，而且如果忽视这些问题，将会为我们子孙后代的世界留下安全隐患。我们有能力解决这个问题，也必须解决这个问题。但是为了解决它，我们需要树立统一的目标。

要树立统一的目标，发展机构内部和广大选民的观念都需要转变。选民的看法决定了什么是可能实现的。如果选民不了解情况，政客们会继续利用最底层的10亿人，把他们仅仅当作曝光作秀的工具，而不会推动真正的变革。而我写这本书就是想转变人们的思想，就是为了让大众阅读的，所以我在书里没有使用脚注，没有固守常见于专业学者研究中的严格行文规范。我想写一些可以让你乐于阅读的内容。但是不要因此而先入为主，认为我写的只是一堆华而不实之物。支撑这本书的是发表于专业期刊的大量专业论文，它们都曾接受匿名的同行审阅。我把其中的一些列在了本书的最后。

研究常常像是一次探险。你会从一个听起来不大可能有答案的问题入手：有多少援助款流向了军事支出，或者有多少非洲的财富逃离了这片大陆。你要怎样才能回答这些问题？问问那些第三世界的军队，它们的钱从哪里来？敲开瑞士诸多银行的大门，让它们报告其非洲客户的账目？有一种不同的方法可以回答这些问题，那就是统计。借助统计，我们对这个世界的了解将迥异于我们心中那些自以为是的印象。以反叛为例，它在我们心中的印象往往是以切·格瓦拉（Che Guevara）为代表，在我这一代人中，他的形象作为学生墙上的海报无处不在。这种海报代替我们思考。我们对最贫穷国家问题的认识之中充斥着这类印象：不仅有高尚的反叛者，还有饥饿的儿童、无情的商业机构和不老实的政客。这类印象影响了你，俘获了你。一旦它影响了你，也就影响了我们的政客，因为他们在做的正是你想做的。我会帮助你超越这些印象，我会把一些印象彻底打碎，而且粉碎它们的手段正是统计学证据。

我在统计学分析方面依赖了不少年轻合作者的帮助，其中不少人都会出现在后文中。安克·赫夫勒（Anke Hoeffler）是其中一位，她是帮我完成这本书的大功臣。我们已经在一起工作了十年，就像是唱了一场戏，我扮演的是一个极度讨厌的教授，而安克则不管怎样都能耐着性子努力工作。如果描述得夸张一点儿，我们的工作状态比英国著名侦探连续剧《摩斯探长》（*Inspector Morse*）中的摩斯（Morse）和刘易斯（Lewis）还要糟糕。同他们一样，我们的研究通常在开始的时候会走许多弯路。然而，虽然我们像摩斯一样都在牛津工作，但与他不同的是，我有一个高度国际化的团队一起共事。正如你们会猜到的，安克是德国人。不过团队里还有瑞典人蒙斯、法国人莉萨、爱尔兰裔美国人史蒂夫、非裔美国人凯茜、塞拉利昂人维克托和澳大利亚人菲利普。这只是一长串名单的一部分，但你已可以借此一窥究竟。他们的共同点是有耐心且能吃苦，同时还有掌握了高难度技能的头脑。没有他们的工作，就没有任何研究成果为这本书提供基础，因而也就不会有这本书。这本书就是把小的点连起来以后呈现出的全局图景。但这些点本身就是一个个故事。虽然这本书不是一部严肃的学术著作，但我希望你在阅读的过程中能体会到现代研究是如何进行的，体会到解决棘手问题时的那种兴奋感。

第一篇

问题何在？

第一章
落后与崩解：最底层的10亿人

第三世界比以前变小了。40年来，我们在发展议题上所面临的挑战，是一个拥有10亿人的富足世界如何去面对一个拥有50亿人的贫穷世界。联合国制定的千年发展目标，旨在关注截至2015年的世界发展进程，就包含了这样的思考。然而，到了2015年，这种把发展概念化的思考方式显然已经过时了。那50亿人中的大多数人（约80%）生活的国家的确处于发展车道上，发展速度往往还很惊人。可发展问题面临的真正挑战是，有一群处在最底层的国家不仅落后了，而且大多正在走向崩溃。

最底层的国家生活在21世纪，但它们面对的却是14世纪的现实：内战、瘟疫与愚昧。这些国家集中在非洲与中亚，还有一些散布在其他地区。即使回过头去看20世纪90年代，在那个冷战结束和"9·11"事件之间的黄金十年里，这些国家的收入水平也下降了5%。我们必须学会将熟悉的数字颠倒过来：共计50亿人已经过上了富足的生活，或者至少正要过上这种生活；但还有10亿人被困于最底层的世界。

这个问题至关重要，不仅关乎生活在14世纪条件下那10亿人的生死存亡，也与我们密切相关。21世纪的世界是一个充满物质享受、可以全球旅行与经济相互依存的世界，这个世界会越发容易受到这些混乱孤岛的影响。解决这个问题迫在眉睫。随着最底层的10亿人与日益复杂的世界经济体系渐行渐远，一体化会变得越发困难，而不是更容易。

然而，到目前为止，无论是发展事务（development biz）还是发展呼吁（development buzz），都在极力否认问题的存在。发展事务由援助机构及获得了项目合同的公司负责运作。它们有着顽固不化的官僚作风，对当前的行事方式很满意，拒绝任何批评。由于对发展的定义涵盖了50亿人，这些机构有资格出现在任何地方，或者更诚实地说，出现在除了最底层的10亿人之外的任何地方。最底层国家的生存条件相当艰苦。每一家发展机构都很难让它的职员在乍得与老挝提供服务；光鲜亮丽的岗位都设在巴西、中国这样的国家。世界银行在所有主要的中等收入国家都设有庞大的办事机构，但在中非共和国却没有哪怕一位常驻人员。所以，不要指望公事公办的发展项目会自觉地把注意力重新聚焦于最底层的国家。

发展呼吁则来自摇滚明星、社会名流与非政府组织。值得称道的是，这些呼吁的确关注最底层的10亿人的困境。因为有了这些呼吁的努力，非洲问题才进入了八国集团（G8）的议程。但是不可避免的是，发展呼吁只能传递简单的信息，因为它是靠人们对标语、印象与愤怒的需要来推动的。不幸的是，尽管最底层的10亿人的困境本身适用于简单的道德说教，但道德说教无法解决他们的问题。它需要同时实施多种策略才可以解决，其中有些是反直觉的。不要指望发展呼吁来制定可以解决问题的议程，呼吁之人有时只是空有热血而缺乏头脑。

那这些最底层国家的政府呢？普遍的状况带来了极端的后果。这些国家的领导人，有时候是靠枪炮上台的疯子，有时候是买官鬻爵的骗子，有时候是不顾困难、努力建设美好未来的勇敢者。即便有时候这些国家披上了现代政府的外衣，其领导人似乎也只是在按照剧本表演罢了。他们坐在像世界贸易组织等机构的国际谈判桌前，却没什么可谈的。甚至他们的政府已经垮台了，这些席位也仍然会被保留。多年来，索马里这个国家都没有一个正常运作的政府，但索马里政府依然是这个国家在国际舞台上的官方"代表"。所以不要指望最底层那10亿人的政府可以联合起来，制定一个切实可行的方案：这些政府在英雄与恶棍的斗争间分崩离析，还有一些政府干脆在一边袖手旁观。为了让我们未来的世界更加美好，英雄们必须赢得这场斗争。但是恶棍们拥有武器与金钱，并且到目前为止，他们常常会在斗争中占据上风。除非我们从根本上改弦更张，否则这样的情况还会持续下去。

所有国家的社会都经历过贫穷，大多数国家现在脱贫了，可为什么有些依旧深陷其中？答案是它们陷入了各种陷阱。贫穷本质上并不是陷阱，否则我们所有人现在都会很穷。试想一下,如果发展就像是"蛇梯棋"*游戏。在全球化的现代世界里,有许多神奇的梯子,大多数社会正在利用它们发展自己。但是也有一些"蛇",有些社会碰到它们便会滑下去。这些处于最底层的国家是不幸的少数,它们深陷于贫穷之中而无法脱身。

陷阱,以及陷入其中的国家

假设你的国家处于极度贫穷之中,经济几乎停滞不前,并且只有很少的人受过教育——你不必太费劲去想象这种状况,我们的祖先就是在这样的条件下生存的。通过勤奋、节俭与智慧,社会可以逐渐走出贫困,除非它落入了陷阱。发展陷阱已然成了一个时兴的话题领域,引起了许多学术争论,围绕这个领域形成了可以预见的左右两派。右派倾向于否认发展陷阱的存在,坚称只要采取好的政策,任何国家都可以摆脱贫困。左派倾向于认为全球资本主义在本质上造就了贫困陷阱。

发展陷阱这个概念已经存在很长一段时间。近来,经济学家杰弗里·萨克斯(Jeffrey Sachs)的研究与这个概念关系紧密,他关注的是疟疾以及其他健康问题所带来的后果。疟疾会使国家变得贫穷;而且,这些国家很穷,尽管它们是疟疾疫苗的潜在市场,却没有太大的价值,不足以让制药企业在研发上投入

---

* 蛇梯棋(chutes and ladders),源自印度的棋类游戏。游戏在一张10×10的方格棋盘上进行,格子以"S"形自下向上按1—100排序,棋盘上纵向分布着许多梯子与蛇,它们的两端连接着不同行上的方格。参与游戏的棋子从1开始掷骰子向前行走,先走到第100格者获胜。若棋子走到有梯子的格子里,可以沿梯子升至上方的方格;若走到有蛇的方格内,则须沿蛇降至下方的方格。

巨资；可要帮助这些国家脱贫，又必须先研发疫苗。本书着重探讨了四个关注度较少的陷阱：冲突陷阱、自然资源陷阱、恶邻为伴的内陆国家陷阱和小国治理不善陷阱。与许多正在取得成功的发展中国家一样，本书关注的国家都很贫穷。这些国家共同的特点是都陷入了各种各样的陷阱之中。但是，这些陷阱并非无法避免，多年来一些国家已经摆脱了这些陷阱，然后开始迎头赶上。不幸的是，追赶过程近来也陷入了停滞。那些在最近十年才完全摆脱陷阱的国家，如今又面临着新的问题：与20世纪80年代相比，现在的全球市场对新入局者抱有更大的敌意。新近脱困的国家可能已经错失良机：它们发现自己的处境进退两难，经济增长受到种种外部条件的制约。我会在讨论全球化的时候主要讲这个问题。20世纪80年代，毛里求斯逃离了陷阱，以火箭般的速度上升到中等收入水平；而等到20年后它的邻国马达加斯加终于也逃离了这些陷阱时，却已经没有"火箭"了。

　　大多数国家都避免了本书提到的所有陷阱。但是，那些加起来有大约10亿人的国家却被困在了里面。在描述这些问题的时候，我们需要一些定义。比如说，其中一个陷阱涉及身在内陆，尽管单单是身在内陆并不足以构成陷阱。但是，在怎样的情况下，一个国家才算是内陆国家呢？你可能会认为，这样的问题借助地图册就可以得到明确的答案。但是扎伊尔呢？这个国家经历了蒙博托·塞塞·塞科（Mobutu Sese Seko）总统的灾难统治，之后合情合理地更名为刚果民主共和国。它基本上就是个内陆国家，只不过有极小的一片临海地区。苏丹也有一些临海地区，但它的大多数居民都住在远离海岸的地方。

在界定这些陷阱之时，我不得不有些武断地划定一些界限，这会产生一些灰色地带。大多数发展中国家显然正在走向成功，另一些国家则明显在步入那些可能被称作"黑洞"的地方。还有一些国家，我们真的说不好。也许巴布亚新几内亚正在走向成功；我希望如此，我也把它归在了那一类。但是有一些研究巴布亚新几内亚的专家会摇头，对此表示怀疑。这类断言势必会引起挑战。但这些挑战并不能动摇一个基本的观点：确实有那么一个黑洞，并且许多国家确实正在走向这个黑洞，而不是走向成功。你在阅读这本书时，会对这些微妙的判断有更多的了解。就目前而言，请相信我划分的界限能够自圆其说。

按照我分类的方式，截至2006年，大约有9.8亿人生活在被困在陷阱中的国家。由于这些国家的人口正在增长，当你读到这本书的时候，这个数字会是10亿左右。这些人当中的70%生活在非洲，而大多数非洲人生活的国家都陷入了各种各样的陷阱。因此，非洲成了这一问题的核心。世界上其他国家已经关注到了这一点。你可以想一想国际上的各种发展委员会是如何演变的。第一个主要的发展委员会皮尔逊委员会（Pearson Commission）成立于1970年，由加拿大一位前任总理领导。皮尔逊委员会关注全球性的发展问题。随后在1980年，一个由前联邦德国总理领导的委员会——勃兰特委员会（Brandt Commission）成立了，它同样将关注点放在了全世界。到了2005年，英国时任首相托尼·布莱尔（Tony Blair）决定成立一个发展委员会，此时它的关注点就缩小到了非洲——它是一个针对非洲的委员会，而不是针对发展。2006年，时任德国总统霍斯特·克勒（Horst Köhler）决定，他也将发起一场发展活动。他不可能只是重复托尼·布莱尔的做法，不能在第二年再成立一个非洲委员会。于是，克勒把它叫作"论坛"，但它仍然是一个关注非洲的论坛。可实际上，非洲并不能与第三世界画等号。比如南非人就不属于最底层的10亿人，该国显然没有陷入像乍得那样绝望的境地。反倒是中亚地区有许多内陆国家像乍得一样让人忧心。所以，最底层这10亿人的国家并没有构成一个可以方便地以地理位置来标记的群体。非要用一个地理标签来描述它们的话，我会称它们为"非洲+"，"+"代表的是诸如海地、玻利维亚、老挝、柬埔寨等，还有中亚的国家。所有这些国家，要么还陷在某个陷阱之中，要么逃离的时间太晚。

我确定了58个可以被划分到这一群体中的国家，它们有一个突出的典型特点：它们都是小国。它们人口加起来也赶不上中国或者印度一个国家的人口。而且，由于这些国家的人均收入非常低，其中典型国家的收入甚至比富裕国家大多数城市的收入还要低，可以忽略不计。鉴于这些国家肯定不希望自己被划入这个群体，而且污名化一个国家往往会导致预言自证（selffulfilling prophecy），所以我不会给出这些国家的名单。不过，我会在讲到每个陷阱时举出大量的例子。

那么，最底层这10亿人的国家情况到底如何？首先，让我们看看这些国家居民的生活情况，或者确切地说，死亡情况。在最底层的10亿人当中，平均预期寿命是50岁，而在其他发展中国家这个数据是 67 岁。婴儿也就是 5 岁前儿童的死亡率在最底层的 10 亿人当中是 14%，而在其他发展中国家是 4%。在最底层的 10 亿人中，儿童长期营养不良症状的占 36%，而在其他发展中国家，这个数字是 20%。

增长在发展中的角色

最底层这 10 亿人的国家与其他发展中国家之间的差距是一直就存在，还是因为它们被困在陷阱里才产生的？为了阐明这个问题，我们必须对过去用来描述我们称之为"发展中"的所有国家的统计数据加以分解。举一个假设性的例子。"繁荣国"（Prosperia）是一个很大的经济体，它的经济正在以 10% 的速度增长，但是它人口很少。"失败国"（Catastrophia）是一个很小的经济体，其经济正在以 10% 的速度衰退，但它却拥有庞大的人口。通常的做法——比如国际货币基金组织（IMF）在其旗舰出版物《世界经济展望》（World Economic Outlook）中采用的——是把与一国经济规模有关的数字平均化。根据这种研究方法，"繁荣国"的经济规模大、增长快，会抬高平均数字，因此，这两个国家总体会被描述为经济正在增长。问题是，这是从典型的收入单位的角度来描述的，而非从典型的人的角度出发。大多数收入单位在"繁荣国"，但是大多数人却在"灾祸国"。如果我们想呈现在最底层这 10 亿人的国家中典型的人的经历，我们就不应该使用基于国家收入的数据，而应该使用基于人口的数据。这真的很重要吗？嗯，如果最穷的国家正在与世界其他国家渐行渐远，那这就是重要的。这也是本书的主要论点，因为按照收入计算的平均水平会淡化最贫穷国家的问题，低估它们的重要性。这些国家人民的遭遇无法反映在这样的统计之中，因为他们穷，他们的收入可以忽略不计。

而在我们用合理的方式对数据进行平均化之后，我们发现了什么呢？那些不属于最底层的10亿人的发展中国家，也就是中间那40亿人所在的国家，其人均收入经历了高速增长。让我们以十年为单位来考察一下这些数据。在20世纪70年代，这些国家人均收入的年增长率为2.5%，值得看好但也没那么厉害。在20世纪80年代和90年代，它们的人均收入的年增长率提升到了4%；而到了21世纪的头几年，年增长率又上升至4.5%以上。这样的增长速度看起来似乎没什么大不了的，但是在历史上却是头一遭。这意味着，这些国家的孩子们长大后会过上与其父母迥然不同的生活。即使其中一些地方的人仍然很穷，但那里的社会是充满希望的：时间站在他们这一边。

但是最底层的10亿人呢？让我们再以十年为单位来看一下。在20世纪70年代，他们的人均收入以每年0.5%的速度增长，从绝对值来看，他们的生活略有改善，但改善的速度慢到几乎无法感知。鉴于在这些社会里，个人收入存在高度的不稳定性，总体上的微小改善趋势很可能已被这些个人风险淹没。整个社会被个体对经济下行的恐惧笼罩着，而不像中间的那40亿人一样对整体的社会进步充满希望。但是在20世纪80年代，最底层10亿人表现得更加糟糕，他们的人均收入以每年0.4%的速度下降。从绝对值来看，到了20世纪80年代末，他们的收入又回到了1970年的水平。如果你在那整整20年中一直生活在这样的社会里，你在经济上的经历只会是个体收入的波动——有些人的变高了，而有些人的变低了。全社会没有理由抱有希望。然后便到了20世纪90年代。今天看来，90年代被视为黄金十年，是冷战结束到"9·11"事件之间的十年，是万里无云、市场繁荣的十年。但对于最底层的10亿人来说，这十年并没有多少"黄金"：他们的收入绝对下降率加快到了每年0.5%。因此，到了新世纪伊始，他们比1970年更贫穷了。

这样惨淡的表现是否只是数据造就的一种假象呢？在我看来，恰恰相反，这些最贫穷的国家在收集经济数据的时候存在巨大问题，很可能导致其衰退速度被低估。至于那些真的已经崩溃的国家，则根本没有可用的数据。例如，在20世纪90年代，我们在估计最底层这10亿人的国家发生的衰退时，并没有把索马里及阿富汗发生的事情包含在内。但是，将它们排除在外，就相当于假设它们的表现与这些国家的平均水平相当，如果它们真有这样的水平，说我会感到惊讶都是最轻的了；我认为真实情况要糟糕得多。在这十年的前四年，最底层这10亿人的经济增长率已经回升至1.7%左右，尽管仍然远远低于其他发展中国家的增速；但是从绝对值看，情况正在慢慢变好。遗憾的是，目前的这种改善很可能是自然资源的发现和最底层这10亿人的国家高价向世界出口自然资源引发的短期效应。例如，在最底层这10亿人涵盖的所有经济体当中，赤道几内亚的增长表现最突出。这是一个被政变与腐败困扰的小国，最近人们在它的近海发现了石油,石油遂成为该国收入的主要来源。总而言之,即使我们将最近这些数字视为一种有希望的表现——虽然我认为这是一种误解——但是最底层这10亿人的国家高峰期的经济增长,仍然比其他发展中国家增长最缓慢的时候还要慢得多,最多也就能让它们回到1970年的水平。

思考一下,这两种增长率究竟意味着什么。在20世纪70年代,最底层的10亿人与其他的发展中国家在增长上的差距为每年2%。因此,在20世纪70年代,最底层这10亿人的社会最主要的特征是分化,而不是发展。但是,情况很快就恶化到惊人的地步。在20世纪80年代,这两种发展中国家在增长速度上的差距扩大到了每年4.4%;到了20世纪90年代,差距进一步拉大,达到了惊人的5%。将这30年作为一个整体来看,最底层这10亿人的社会经历了一场大规模、急剧加速的分化过程。考虑到复合增长率的影响,最底层的10亿人与其余发展中国家的差异将迅速累积,最终变成两个不同的世界。事实上,这种分化确实已经将最底层这10亿人所在的大多数国家推到了全球的谷底。

事情并非总是如此。在全球化给中国与印度带来巨大机遇之前,这两个国家比目前困在陷阱中的许多国家更贫困。但是中国与印度挣脱了束缚,及时融入全球市场,而那些最初不太贫穷的国家却没能做到。在过去的20年间,这产生了一种令人困惑的增长模式。一些最开始贫穷的国家,经济增长势态良好,因此很容易让人以为没什么问题:底层国家似乎与其他国家增长得同样快。然而,在未来的20年里,问题的真正本质就会暴露出来，因为陷入停滞或者衰退的那些国家，现在几乎成了世界上最贫困的国家。在最底层这 10 亿人的社会中，其人均收入现在只有其他发展中国家普通人的五分之一左右，并且随着时间的推移，差距只会越来越大。这幅景象就像是有 10 亿人被困在了一列缓慢向山下滑落的火车上。到 2050 年，发展的鸿沟将不再是最发达国家中的 10 亿富人与发展中国家 50 亿人之间的鸿沟，而是困在陷阱里的 10 亿人与世界上其他人之间的鸿沟。

到目前为止，我一直在使用增长率来描述最底层的 10 亿人的问题：这些国家的绝对增长率是负数，相对而言远低于其他发展中国家的水平。然而，如今人们谈论更多的是减贫与其他千年发展目标，而不是增长率。对于许多非常关心发展的人来说，谈论诸如帮助女童们上学这些目标比讨论增长率更自如。我也很热心于帮助女童上学等目标，但我不觉得讨论增长率会给我带来不适。在我领导世界银行研究部门的时候，我们撰写了一篇极富争议的论文，题为《增长对穷人有利》("Growth Is Good for the Poor")。一些非政府组织很讨厌它，连世界银行行长吉姆·沃尔芬森（Jim Wolfensohn）都打电话给我，表达他对此事的关切，这可是五年来他唯一一次给我打电话。然而，最底层的 10 亿人面临的核心问题是经济缺乏增长。我们必须把他们的国家在发展进程上的失败当作我们的核心关切，把解决这些问题当作发展的核心挑战。我们需要一批关注世界贫困问题的人组成强大的游说力量，设法让富裕社会的政策变得更有利于这些国家实现发展。因此，关心世界贫困问题的人需要重新思考一下增长问题。

  我绝不是想说，我们可以不在意经济体怎么增长。例如，赤道几内亚的增长只为极少数人带来了好处，但这是一个例外。增长通常会让普通人受益。那些关心发展问题的人士过分地怀疑增长，这种怀疑可以从他们经常用来形容增长的形容词上看出来。在战略文件中，这个词一般只出现于"可持续性、扶贫式增长"的语境中。然而，在绝大多数情况下，最底层的10亿人面临的问题绝非错误的增长方式，而是根本不存在任何增长。怀疑增长的人无意中妨碍了真正的战略思考。我记得有一位世界级的银行业专家向我寻求建议，因为他被邀请向最底层这10亿人里的其中一个国家出谋划策。他在努力寻找证据，以证明银行的改革将直接帮助这些国家最贫穷的人；如果没有这样的证据，他觉得自己的建议会被驳回。他感觉到，表明改革会促进增长过程的强有力证据不会被重视。即使没有这些障碍，在最底层的10亿人中启动经济增长也是十分困难的。

  除非最底层10亿人的国家开始增长，否则我们就无法使贫穷成为历史；可如果把这些国家变成古巴那样，它们同样不会实现经济增长。古巴是一个停滞不前、低收入的国家，但也是一个平等的国家，有着良好的社会服务制度。如果最底层的10亿人效仿古巴，他们的问题就能得到解决吗？我认为，在最底层这10亿人的国家生活的大多数人——包括生活在古巴的人——会认为这么做仍然是失败的。在我看来，发展就是给普通人以希望，让他们的子女可以生活在一个已经赶上世界其他国家的地方。如果剥夺这种希望，聪明人就会凭借其能力逃离自己的社会，而不是发展它，有100万古巴人就是这么做的。要追赶世界，就要从根本上提高这些最底层国家的增长。经济停滞持续了这么长一段时间，迎头赶上绝非易事。除了关心与同情，我们还能做什么？

既要讲良心也要动脑子：接受复杂性

最底层的10亿人面临的问题是严峻的，但它是可以解决的。相比于我们在20世纪克服的重大问题，比如疾病、法西斯主义，这个问题远没有那么令人生畏。但它像大多数重大问题一样，是很复杂的。变革必须来自最底层的10亿人所在的社会内部，而我们自己的政策可以让这些努力获得成功的可能更大一些，从而让人们付出努力的意愿更多一些。

我们需要一系列的政策手段，以鼓励最底层这10亿人的国家采取改革措施。到目前为止，我们还没有很好地使用这些手段，还有很大改进的空间。主要的挑战在于这些政策手段牵涉不同的政府机构，它们并不总是愿意相互合作。以往，发展任务会被分派给援助机构来执行，可这些机构在所有政府中的地位都非常低。美国国防部并不会接受美国国际开发署的建议，英国贸易和工业部也不会听国际发展部的。要使发展政策协调一致，就需要采取所谓的"整体政府"的办法。要达到这种程度的协调，需要各国政府首脑集中精力解决问题。而且，由于成功并不仅仅取决于美国或者其他任何国家的单一力量，因而主要国家的政府需要采取联合行动。

八国集团是全世界唯一一个可以邀请主要国家政府首脑定期会晤的论坛。解决最底层这10亿人的问题是八国集团的理想议题，但是这意味着要利用所有可用的政策，比2005年承诺提供加倍援助的格伦伊尔格斯议程（Gleneagles agenda）做更多的事。2007年，在德国举行的八国集团峰会上，非洲问题已经重新被列入议程。直到最底层的10亿人彻底摆脱发展陷阱之前，"非洲+"理应继续留在八国集团的议程中。而本书就是要为八国集团制定一个行之有效的议程。

第二篇

陷阱

第二章

冲突陷阱

所有社会都存在冲突，它是政治所固有的。但就最底层的10亿人而言，问题的特殊之处并不在于政治冲突，而在于政治冲突的形式。其中一些国家长期处于政府遭受国内暴力挑战的局势之中无法脱身。有的暴力挑战持续的时间很长，这就是内战；有的暴力事件结束得很快，这就是政变。两种形式的政治冲突都代价高昂，而且可能反复发生。这两类冲突会让国家深陷于贫困之中。

内战

在最底层的10亿人所在的社会，有73%的人或者近年来经历过内战，或者正处于内战之中。许多其他国家都经历过一两次内战，如19世纪的美国、20世纪初的俄罗斯，英国的内战则要追溯到17世纪，不过，正如这些例子所显示的，战争不一定就会变成陷阱。美国、俄罗斯与英国的内战，在当时来看是惨烈的，但很快便结束了，此后这些国家再也没有发生过内战。但是，对于低收入国家来说，战争成为陷阱的概率要大很多。在与安克·赫夫勒并肩工作的时候，我发现了这一点。这位年轻的女士，最早是我的博士生，现在是我的同事。安克的博士论文聚焦增长的源泉，在当时的经济学界是十分时髦的话题。在阻碍增长的诸多已知因素中，战争便是其中之一。我仔细研读安克的论文时突然想到，如果换个角度来看这个研究，一定会很有意思。与其根据一个国家处于战争或和平状态来解释其增长的慢与快，不如去研究体现在增长上的差异能否解释这些国家发生战争的倾向。

内战的起因

那么，是什么导致了内战？反叛运动有一系列的不满来为自己的行为辩护：压迫、剥削与驱逐。有政治动机的学者也带着自己的偏好加入其中，而且通常把反叛者视为英雄。我已经不再相信这种为了一己私利的抱怨。内战的诱因是很难梳理清楚的：历史学家甚至无法对第一次世界大战的起因达成共识。大多数战争都有多个层次的因果关系：性格、仇恨与错误。我们采取的方法是用统计学手段来解释内战，研究一系列可能的诱因：社会的、政治的、地理的和经济的。

在统计学研究中，第一步也是最重要的一步是获得让人满意的数据。我们找到了密歇根大学编纂的一份全面的内战清单。多年以来，密歇根大学是此类政治问题的世界级数据中心。

第二章 冲突陷阱

该机构对于内战的定义是，至少有 1,000 人因为内部冲突而死亡，每一方至少要对其中 5% 的死亡负责。（使用其他研究者确立的标准有一个好处：你不会为了得到期望的结果而改变定义，从而使结果受到影响。）虽然把在冲突中死亡的人数设定在 1,000 有点武断，但划定这个标准的意义在于，低级别的社区暴力（比如有 50 人死亡）与一场死亡人数高达上千的战争的确有着巨大区别。随后，我们将这份内战清单与大量的社会经济数据逐国逐年进行比对，试图借此确定影响一个国家未来五年内可能发生内战的因素。

事实证明，我们的研究是有争议的。部分原因是，有兴趣对冲突进行学术研究的人往往是政治的参与者。他们同情各种反叛运动所表达的尖锐不满，这些反叛运动往往采用极端方法对抗确实可能令人讨厌的政府。对这些学者来说，通过统计学手段，研究不满情绪的客观程度与叛乱倾向之间是否存在关联，这种想法有点侮辱他们，因为这些学者知道它们之间必然存在着关联。坦白说，我们偶尔会煽风点火：我们将一篇论文命名为《贪婪与怨恨》（"Greed and Grievance"），还有一篇叫《发战争财》（"Doing Well out of War"），暗示反叛者的动机可能并不比他们反对的政府更光明正大。然而，在不那么政治化的同行中，我们的研究受到了认真对待并被频繁引用。我们影响到了政策的制定者——我被邀请在联合国大会上发言——还上了媒体。

也有人要求我们用我们的模型预测接下来哪个地方会爆发内战，显然中央情报局对此很感兴趣。但是我们可没有那么蠢。

我们的预测可能会被当成标签来用，从而很可能伤害我想要帮助的国家；这些预测甚至可能成为自证预言。更为根本的问题在于，我们的模型无法用于预测内战。它可以告诉你，导致内战频发的结构性因素一般都有什么，以及（有时更有趣的是）哪些因素并没有那么重要。由此，它可以告诉你哪一类别的国家最容易发生内战。但是它无法告诉你明年塞拉利昂会不会再次发生内战。这个问题的答案取决于无数短期事件。

我们发现的第一个关联，是战争的风险与收入的起始水平之间的联系。低收入国家更容易爆发内战：国家的初始收入减半，发生内战的风险就会增加一倍。有人也许会问，我们是不是将因果关系搞混了，难道不是战争让一个国家变得更贫穷吗，怎么会是贫穷让一个国家更容易发生战争呢？事实上，这两种关系是同时存在的。尽管内战会降低收入，但是低收入的确会增加爆发内战的风险。这方面最明显的证据是，在殖民统治时期，许多国家经历了几十年被强加的和平；后来，许多国家几乎同时实现了去殖民化，而它们的收入水平各不相同，这为了解收入对内战的影响提供了一个天然的实验。

低收入与内战之间的关系似乎是显而易见的，如果你读报纸，你会发现存在冲突的国家更有可能身陷贫困，但并不是所有关于内战的理论都是以实证数据为基础的。一些社会科学家，特别是深入参与政治的社会学家，知道自己想在内战中看到什么，并适时地看到了它们。

还有什么因素让一个国家更容易发生内战？缓慢的经济增长，或者更糟的是，经济的停滞或衰退。一个粗略的估算显示，一个典型的低收入国家在任意的五年内面临的爆发内战的风险大约是14%。经济增长率每增加一个百分点，爆发内战的风险就会降低一个百分点。如果这个国家的经济增长率是3%，那么爆发内战的风险便会由14%降到11%；如果经济以3%的速度衰退，那么爆发内战的风险便会上升到16%。在这一点上，也许有人会问，我们是否本末倒置了：有没有可能是人们预见到会爆发内战，所以经济衰退了？毕竟，当内战眼看着一触即发之时，投资者会逃跑，经济就会下滑。表面上看起来是经济衰退导致了战争，但实际上是对战争的预期导致了衰退。对于这种反对意见，我们也有回应的办法：我们可以研究一个影响经济增长，但是与内战没有直接联系的因素，并观察这个因素造成的影响是否会让内战的可能性提高或者降低。在低收入国家，降雨量剧变（降雨过多或者过少）会影响经济的增长，但是并不会直接影响发生内战的风险，也就是说，未来的叛乱者不会说："下雨了，让我们停止叛乱吧。"这样一来，降雨量剧变带来的影响就不会存在任何模糊性，不会是对内战的预期造成的。然而，降雨量剧变会造成经济增长受挫，这会让内战更有可能发生。

因此，如果低收入与经济增长缓慢会让一个国家更可能发生内战，我们理所当然就想弄清个中缘由。解释可能会有很多种。我的猜测是，至少有一部分原因在于低收入意味着贫穷，低增长意味着绝望。年轻人是叛军的兵力来源，在绝望的贫困环境之中，他们是廉价的，很容易招募。生命本身就不值几个钱，而加入叛乱运动则能给这些年轻人带来小小的致富机会。2002

年，菲律宾一群叛乱分子设法绑架了一些外国游客。被绑架的一位法国妇女在获救后提到，她给绑架者写过转交给当局的要求。"你们要我写什么？"她问。他们要的是"每位游客100万美元"。她写了下来，然后问道："还有什么要求吗？"（叛乱分子）停顿了很久，提出了一个政治要求，"解雇霍洛（Jolo）的市长"。他们最后的要求是"两只潜水员腕表"。这就是那个特别的叛乱组织"完全合理的"要求清单。绑架游客只是为实现社会正义的一种不幸的必然（选择）。总之，美国拒绝为美国人质付钱，但经利比亚的卡扎菲（Muammar Qaddafi）从中斡旋，欧洲各国政府支付了赎金；而且，在短时间内便有很多年轻人想要加入这支叛军。这种招募叛军的方式有点类似于在美国加入贩毒团伙。一项今天已经非常有名的对芝加哥贩毒团伙的研究发现，年轻人之所以会被贩毒团伙吸引进去，而且为他们干活基本没有报酬，是因为如果成功爬到贩毒团伙高层，他们便有一点赚大钱的小小机会。

除此之外，倘若经济疲软，国家也有可能变得孱弱，因而发动叛乱并不是什么难事。叛军领袖洛朗·卡比拉（Laurent Kabila）带领他的部队向扎伊尔各地进军，争夺政权。他对记者说，在扎伊尔，叛乱十分容易：你只需要1万美元与一部卫星电话。尽管这话显然说得很夸张，但他继续解释道，在扎伊尔，每个人都非常穷，只要有1万美元，你就可以为自己雇佣一支小规模的武装。那卫星电话是用来干什么的？嗯，这就要说到内战中第三个也是最后一个经济风险因素：自然资源。

对石油、钻石等初级产品出口的依赖大大增加了爆发内战的风险。这就是卡比拉需要一部卫星电话的原因：方便他与资源开采公司进行交易。据报道，到他进入金沙萨的时候，他已经谈妥了价值5亿美元的交易。有一些案例表明，跨国公司预先向反叛运动提供了大量资金支持，以换取反叛获胜时的资源开发的特许经营权。很显然，刚果共和国（不要与之前的扎伊尔、现在的刚果民主共和国混淆）现任总统德尼·萨苏—恩格索（Denis Sassou-Nguesso）显然就是这样上台的。所以，自然资源为冲突提供资金支持，有时候甚至会推波助澜引发内战。其中一个例子便是"冲突钻石"（conflict diamonds）。联合国将其定义为："来自反对国际承认的合法政府的势力或者派别控制地区的钻石，而且这种钻石带来的收入会被用于资助反对政府的军事行动。"在非政府组织"全球见证"（Global Witness）的努力下，"冲突钻石"的问题终于得到了关注。多年来，世界最大的钻石制造商戴比尔斯一直否认这一问题的存在，后来做出了惊人的改变，为解决这个问题发挥了很大的影响，并且使该公司成了所有企业的榜样。

所以，收入低、经济增长缓慢、对初级产品的依赖这些因素使一个国家更容易发生内战，但这些因素是发生内战的真实原因吗？我经常听到"根本原因"这个词。我应邀参加过许多讨论冲突问题的会议，与会的人都在谈论这个词。如果你事先了解演讲者的偏好，你往往都能猜到他预设的根本原因，准确率超乎你的想象。如果这个人关心收入不平等，他/她会觉得不平等是反叛者关心的议题；强烈呼吁政治权利的人则会认定反叛者是民主斗士；如果某人的曾祖父母为了逃离某高压统治的政权而移民，他就会认为那些没有移民的人的后代仍然生活在水深火热之中，就像亲人在回忆中告诉自己的那样。作为一定程度的回应，反叛组织制造了一种不满的话语体系，滋长了上述担忧，实际上是诱使那些同情叛乱的人想象自己在街垒上荷枪实弹，充当正义的化身。可是，你不能就这么相信反叛组织，它们嘴上说它们关心的是社会正义，问题是你还能指望它们说什么？

来自流亡者群体的捐款一直是反叛运动主要的资金来源之一，所以反叛者已经学会了如何操纵他们的公共关系。爱尔兰共和军（IRA）*吸引了爱尔兰裔美国人的资助，而且不仅仅是钱，他们使用的一些枪支显然来自波士顿警察局（直到2001年"9·11"事件发生，美国人明白了恐怖主义究竟是什么之后，才中止了供应）。泰米尔猛虎组织[†]的资金来自加拿大的泰米尔人；1996年，斯里兰卡首都科伦坡（Colombo）发生了一场爆炸，造成1,400多人死伤，而为这起袭击事件买单的就是加拿大的银行账户。欧盟成员国的阿尔巴尼亚人资助了科索沃解放军[‡]，一些欧洲政客误以为，这个组织是一个体面的政治组织，直到这个组织开始痛下杀手，他们才恍然大悟。在所有流亡者

---

* Irish Republican Army，1919年成立的爱尔兰民族主义武装组织，为实现爱尔兰岛的南北统一而从事暴力反抗活动，被多国视为恐怖组织。

† Tamil Tigers，活动于斯里兰卡的民族主义武装组织，旨在该国东北部建立一个独立的泰米尔民族国家，从事自杀式炸弹袭击等活动反抗斯里兰卡政府，被多国视为恐怖组织。2009年被斯里兰卡政府军消灭。

‡ Kosovo Liberation Army，20世纪末由南斯拉夫的阿尔巴尼亚人建立的武装组织，旨在将科索沃从南斯拉夫与塞尔维亚独立出来，建立一个统一的阿尔巴尼亚民族国家，被部分国家和机构视为恐怖组织。

所资助的组织之中，组织得最好的是厄立特里亚人民解放阵线（Eritrean People's Liberation Front）。侨民们资助战争30年，在1992年他们赢得了胜利，厄立特里亚成为独立国家。但是，这场战争真的实现了厄立特里亚人民的解放吗？2001年9月，在与埃塞俄比亚进行了一场不必要的国际战争之后，厄立特里亚内阁的半数成员写信给总统伊萨亚斯·阿费沃基（Isaias Afwerki），要求他重新考虑他独断专行的执政方式。他想了想，接着就把这些人全部关进了监狱。之后，他大规模地征召厄立特里亚的青年入伍。埃塞俄比亚让军队复员，厄立特里亚却没有。厄立特里亚的青年留在军队中，可能是为了保护总统免遭抗议，也是为了保护国家免受埃塞俄比亚的侵犯。许多年轻的厄立特里亚人已经离开了这个国家。在我写这本书的时候，厄立特里亚政府正在驱逐国际和平观察员，大概是为了能够重启战争。这样的解放，真的值得用历经30年的内战来换取吗？这场战争的附带牺牲是埃塞俄比亚的出海口被切断了（到第四章会有详细的解释）。

你或许已经做好准备接受这样的事实，即反叛运动团体擅长处理公共关系，并以民怨作为武器。但你可能会认为，它们潜在的不满和怨气是有根据的。有时候正是如此，因为政府的作为真的非常糟糕。但是，一般来说，真的是合情合理的不满引发了这些叛乱吗？证据远比你想象的还要站不住脚。以对政治权利的压迫为例，政治学家评估了这样的行为，逐年、逐个对政府进行评分。他们发现政治压迫与内战风险之间基本没有关联。以对少数族群的经济或政治歧视为例，两位斯坦福大学的政治科学家吉姆·费伦（Jim Fearon）和戴维·莱廷（David Laitin），对全世界超过200个少数族群的状况进行了评估。他们发现，一个民族是否受到政治压迫与内战风险之间没有关系。不管有没有受到歧视，少数族群皆有可能反叛。费伦与莱廷也研究了族群内部之间的仇恨，同样发现其与内战的风险没什么关联。安克·赫夫勒与我调查了收入不平等所带来的影响，令我们惊讶的是，我们同样找不出任何关联。我们还研究了每个国家的殖民历史。我们发现一个国家发生内战的风险，与这个国家去殖民化的时间和是否曾被殖民统治之间并不存在关联。我甚至开始怀疑一个看起来无可争议的论断：今天的冲突根植于过去的历史。当然，你今天随便去考察某个地区的冲突，都会发现这个地方在遥远的过去的确也发生过冲突；当下冲突的参与者通常会大肆渲染这样的历史，而叛乱头目可以通过诉诸过去的历史来找麻烦。但是，这并不意味着过去的冲突造成了今天发生的冲突，也并不意味着我们被历史困在冲突之中。大多数现在处于和平的地方，在过去的一段时间内都经历过内战。真正的问题在于，某些经济状况会被用心险恶、靠煽动仇恨上位的政客所利用。

我不想在这个问题上讲得过深，我当然也无意于容忍有歧视或压迫行径的政府。只要有不满，就应该被安抚纠正，无论这不满是否会引起反抗，但它往往不会得到正视。现实的可悲之处在于，不满是普遍存在的。反叛者通常都有怨恨的对象，如果没有，他们就会编造一个。很多时候，真正的弱势群体无法反抗，他们只能默默忍受。回顾历史，我能够想到的最为恶劣的民族歧视案例大概是发生在诺曼人入侵英格兰之后。诺曼人是一小群暴力的、讲法语的维京人。他们杀死英国的精英，抢走了全部的土地，让本地98%的人口遭受了两个世纪的奴役。在此期间，曾经发生了许多场内战。其中没有一场是英国农奴对诺曼人地主的反抗。所有内战都是一帮诺曼人军阀去攻击另一帮诺曼人军阀，试图抢夺更多的资源而已。

公然的不满之于一场反叛运动，如同企业形象之于企业。但是我们有时候可以把一场叛乱的头绪清理出来，改变对它的既存印象。以斐济为例，印度移民打乱了当地人口的平衡，受教育程度更高、更富有的印度人占据了微弱的多数。1999年，他们选出了一位印度裔总理马亨德拉·乔杜里（Mahendra Chaudhry）。斐济是世界上最重要的桃花心木出口国，乔杜里上台后不久，决定把国有红木种植园的管理权交给跨国公司。其中有两个国际竞标者，一个是英联邦发展公司，这是一个在发展中国家有充足发展工作经验的英国非营利性组织，另外一家是美国的私营公司。这些竞争者按照惯例，分别雇佣当地的商人以支持他们的投标，在一系列激烈的竞争之后，政府将管理权给了英联邦发展公司。一个月之后，一个名叫乔治·斯佩特（George Speight）的斐济土著叛军头目发动了反对新政府的武装冲突——好巧不巧的是，他是一名当地的商人，曾给那家竞标的美国公司出谋划策。斯佩特的战斗口号非常有号召力："斐济人的斐济"。但实现社会正义真的是斯佩特发起叛乱的唯一动机吗？我想，如果他的战斗口号是"把红木合同交给美国人"，恐怕就没有那种为了被压迫的人而斗争的兴奋感了。

那么塞拉利昂呢？塞拉利昂是一个贫穷与悲惨的国家，在人类发展指数（衡量预期寿命、教育程度和收入的综合指标）方面排在世界末尾，该国居民当然有的是理由感到不满。叛军头目福戴·桑科（Foday Sankoh）差一点就撞上大运成功掌权——他凭着比政府还要强大的武装力量，得到了令人惊讶的和解条件，包括副总统的职位。可桑科竟然拒绝了。他想要的并不是国家权力的第二把交椅。他明确表示，他看上的是塞拉利昂政府手中利润丰厚的钻石特许权。而且，桑科的反叛活动算不上是英勇的武装斗争。他喜欢招募十几岁的瘾君子，他们更容易控制，没有那么多的道德顾虑。他们偏爱的手段是针对平民的恐怖行径，包括砍断村民甚至是小孩子的手脚。

让我们来谈谈另一个错觉：所有的内战都是基于族裔纷争。如果你根据报纸报道来看，这似乎是不言自明的，但是我对此有所怀疑。大多数处于和平状态的社会都有不止一个族群。而在低收入国家之中，索马里是少数几个单一族裔的国家之一，它在政府持续而彻底地崩溃后发生了一场血腥的内战。从统计学上来看，没有太多证据表明，多元的族裔会导致爆发内战的概率增加。我们确实发现了族裔差异带来的一些影响：在一个社会里，如果有一个群体构成了人口的大多数，同时其他群体仍然占据着重要地位（我们称之为"族群主导地位"），那么这个社会的确更容易面临危险。例如卢旺达与布隆迪，它们经历过胡图人与图西人间的大规模流血冲突，还有伊拉克，分为逊尼派、什叶派与库尔德人等数派。在这些地方，或许是多数群体仗势欺人，或许是少数群体明白，若是让多数群体居于统治地位，自己就得不到保护，所以试图抢在对方前面占据统治权。但是这种效应并不显著，最底层那10亿人的社会有着高度多元的族群，没有任何一个族群可以一家独大。来自不同族群的人们可能互不待见，可能会互相吵嚷指责。但是，从族群间的厌恶到内战，中间还是有非常大的距离。

还有什么会让一个国家更容易爆发内战呢？地理因素会起到一部分作用。一个人口分散在边界地区的大国，比如刚果民主共和国（之前的扎伊尔），或者像尼泊尔这样有许多山地的国家，比地势平坦、人口稠密的小国更容易发生内战，这可能是因为有更多地方供叛军成型和隐藏。

为什么内战会持续如此之久？

以上是导致内战爆发的原因。那么一旦内战爆发，接下来会发生什么呢？最重要的问题似乎是，内战结束的时间是由什么决定的。要弄清这一点并不是很容易，像内战这样的冲突，往往暂时停止了，之后又会重燃战火。对于这种情况，是应该把它视作一场连续的内战，还是中间夹着一段短暂和平的两场战争？这个问题没有正确的答案；这取决于你的判断，这些判断会影响结果。这里我们还是使用了别人制定的标准，以免自己的偏见影响数据。

在这个问题下，低收入仍然起着关键的作用。如果一个国家陷入了冲突，在冲突开始的时候它的收入水平越低，冲突持续的时间就越长。而且，如果该社会的重要出口产品会随着冲突的持续而变得更有价值，那么战争的持续时间就有可能变得更长，原因可能是在这种情况下，战争更容易得到资金的支持。最大规模的自然资源战争发生在安哥拉：叛乱集团"争取安哥拉彻底独立全国联盟"（The National Union for the Total Independence of Angola）以钻石作为其资金来源；政府方面的"安哥拉人民解放运动"（The People's Movement for the Liberation of Angola）的资金来源是石油。战争的进程大致与石油和钻石的相对价格走势息息相关。当安盟的领导人若纳斯·萨文比（Jonas Savimbi）从钻石中获得高额收入，而石油价格又处于历史最低点时，他加大了对于政府方面的攻势。而当石油价格飞涨，国际社会开始采取行动，关闭他进入世界钻石市场的通道之时，他的败势便开始显露了。不过关于国际行动的故事，我们得等到第四章再展开讨论。

　　内战有着非常高的持续性。国际战争平均会持续约6个月，这已经是相当严重了。6个月能引发极其严重的破坏。但是，内战的平均持续时间是这个的十倍以上；如果这个国家在战争伊始就一贫如洗，那么战争持续的时间会更长。内战之所以会持续，部分是因为它已经变成了常态。参战双方变得只知道如何在战争中谋取利益。原本，考虑到战争的巨大代价，应该有可能达成一个对所有人都有利的协议；但叛军往往会继续战斗，因为与政府签订和平协议有可能会中缓兵之计，签了协议后又被政府撕毁。

　　考察了内战爆发的原因和内战会持续多久之后，我们再来看看内战结束时会发生什么。如前所述，战争结束并不能代表冲突终止；就算冲突停息了，死灰复燃的可能性也依然令人担忧。此外，一个国家如果经历过内战，再次发生冲突的风险就会加倍。在冲突结束的国家之中，只有一半左右的国家能够在十年内保持和平，避免再次陷入战争。低收入国家再次面临战火的风险更是非常高。

在发生过冲突的社会里，政府非常清楚它们的处境危在旦夕。通常情况下，这些政府应对这种危险的方式是把军费开支维持在一个不合常理的高水平。而战乱结束后头十年的军队看起来会更像一支战时而不是和平时期的部队。具体到数字，内战通常会让军费开支差不多翻一番，而冲突后十年内的军费只会比战时低十分之一左右。你很难责备那些面临巨大战争风险的政府把军费开支定得这么高。但是这样做就可以维持和平了吗？我将在第四部分讨论可能的解决方案；特别是在第九章，我们会讨论维持和平的军事策略。

战争的代价

最后，我们来看一下内战的代价和遗产这两个你可能放在"内战资产负债表"里来考虑的要素。内战是发展的反义词。它既伤害了爆发内战的国家本身，也对邻国造成了伤害。让我们从国家本身开始说起。内战会使经济增长率每年下降2.3%左右，因此，一场典型的持续七年的战争会让一个国家比战前更穷，恶化大约15%。当然，战争比单纯的长期经济萧条要糟糕得多：战争会死人。绝大多数情况下，人们并非死于实际的战斗，而是死于疾病。战争会制造难民，在公共卫生系统崩溃的情况下，人口的大规模流动会引发疫病流行。玛尔塔·雷诺—

克罗尔（Marta Reynol-Querol）是一位年轻的西班牙学者，她分析了内战、移民活动与疟疾发病率，得出了一个惊人的结论：内战引发的人口迁徙会导致难民逃到哪里，那里的疾病发病率便会急速上升。过高的疾病发病率不能单纯归咎于难民本身，情况似乎是这样：在长途跋涉穿越国家的旅途中，难民会接触一些对其几乎没有任何抵抗力的病原体，之后他们感染的疾病跟着他们来到避难地，再传染给原本生活在该地区的人。

经济损失与疾病都是旷日持久的：即便内战停止，它们也不会消除。内战的大多数代价（高达一半）是战争结束后产生的。当然，有时候成功的反叛可以带来一个社会正义的时代，这样的反叛是值得的，但是这类情况并不经常发生。内战后的政治遗产与经济遗产通常同样糟糕——内战会带来政治权利的恶化。叛乱是一种极不可靠的带来积极变革的方式。声称发动内战是为了国家利益的叛军领导人，通常要么是骗自己，要么是骗别人，或者是自欺欺人。比如说，20世纪90年代初，若纳斯·萨文比凭借安盟对安哥拉钻石的控制，积累了大约40亿美元的财富。在总统选举失利后，他并没有把这笔钱花在自己身上，去过亿万富翁的生活，而是用于重启内战。

他们的追随者——叛乱的普通士兵，加入叛乱运动往往是因为没有多少选择。我在之前曾经指出，福戴·桑科偏爱招募青少年瘾君子。在乌干达，上帝抵抗军（Lord's Resistance Army）宣称其目标是遵循十诫来建立政府。它招募成员的办法是用武力把一所偏远的学校包围起来，然后放起大火。设法跑出来的男孩要么选择被枪杀，要么加入叛军武装。然后，叛军会要求加入者在家乡犯下暴行，比如强奸老妇，这样一来，男孩们就更难回家了。这样的招募方式并不像你想象的那样好使。当尼泊尔的某派叛军进入一个地区之后，当地年轻男性会选择逃跑而不是加入：显然，他们害怕这种强行拉壮丁的手段。[29] 许多征兵也是在枪口下进行的。这些士兵并不是意识形态坚定的革命者，而是被吓破胆的农民。俄国十月革命期间，沙俄政府迅速崩溃，红军与白军因此成了靠土地为生的反叛者；尽管任何逃跑的人被抓住后都会受到严惩，但仍有400万人开了小差。有趣的是，逃兵率会随时间产生变化：与俄国严酷的冬天相比，夏天开小差的现象会高得多。为什么会这样？因为新兵大多是普通农民，在夏天，他们有庄稼要照料，战斗对于他们而言代价太大了，而在冬天参加战斗便没什么关系了。经济机遇决定着一支叛军维持他们的武装力量有多难。

今天，学者们已经开始通过实地考察这种更严谨的方式来研究叛军的招募手段。斯坦福大学的年轻教授杰里米·韦恩斯坦（Jeremy Weinstein）一直在研究两股叛乱力量：一个是莫桑比克昔日的叛乱组织，莫桑比克民族抵抗组织（Resistência Nacional Moçambicana）；一个是塞拉利昂极度暴力的组织，革命联合阵线（Revolutionary United Front）。杰里米的研究得出了一个令人感到沮丧的重要成果，揭示了叛乱组织的最初动机是如何逐渐腐化的。想象一下：你是一位叛军首领，决定发动一场运动，为社会正义而战。你花钱购买了一些枪支，或者一个想制造麻烦的外国友好政府给你提供了枪支。现在你需要征兵。年轻人来到你位于丛林中的总部，自愿加入你的队伍。

你应该接受他们吗？这些志愿者有些的确与你一样，有可能会成为为社会正义而战的战士，但有些人只是向往端着枪耀武扬威的生活。另外，根据心理学家的统计，在任意一个人群中，平均有约3%的人有精神病倾向，所以你可以肯定，在招募的队伍中，有一些成员可能是精神病患者。还有一些人则渴望通过叛乱获得权力与财富，不管这种可能性有多小；如果每天的现实生活十分糟糕，那么即使叛乱没有多少成功的机会，也足以令人心动。哪怕很可能丧命，哪怕叛乱成功、过上好日子的机会很渺茫，那也值得一搏，因为要么是个死，要么继续穷困潦倒，穷并不比死好到哪里去。韦恩斯坦所做研究的关键点在于，有自然资源财富（石油、钻石，也许还有毒品），就有可信的致富前景，因此，在踊跃加入叛军的年轻人中，有些人是被这些发财机会鼓动的，不是为了实现社会正义的使命。满怀理想的叛军领袖会发现，很难把这样的人筛出来，踢出队伍。他尽可以拒绝那些讲不出正确口号的人。但是，大家很快便会鹦鹉学舌。渐渐地，叛军组织的队伍就会从一群理想主义者变成一群机会主义者与虐待狂。

尼日利亚的尼日尔河三角洲地区刚刚兴起了一场关键的叛乱，这里是尼日利亚石油资源的所在地。尼日利亚博士生阿德罗卓·奥耶福西（Aderoju Oyefusi）最近对该地区的1,500人进行了调查，以了解谁在参与叛乱。这个三角洲地区是酝酿叛乱的理想之地，因为它混合了四种危险的要素：石油公司（贪婪）、环境恶化（亵渎）、政府军事干预（压迫），以及一位英勇就义的英雄（神圣）——1995年被尼日利亚政府绞死的活动家卡山伟华（Ken Saro-Wiwa）。阿德罗卓想要确定加入暴力组织的当地人是不是那些最为不满的人。他的研究方法是询问人们是否感到不满，并对他们进行相应的分类。令人惊讶的是，他发现感觉到不满的人并不比没有不满意的人更有可能参加暴力抗议活动。那么，是什么特征让人们更有可能参与政治暴力呢？有三大特征，分别是年轻、未受教育与无依无靠。无论如何，应征者的这三个特征是很难与为社会正义而战的先锋形象相协调的。

那么暴力团体最有可能在哪里形成呢？可能有人认为是最缺乏社会便利设施的地区，因为人们觉得叛乱之所以爆发就是因为这个：石油财富被石油公司与联邦政府窃取，未能用于造福当地社区。但是阿德罗卓发现，就这1,500人而言，一个地区所拥有的社会便利设施与其政治暴力倾向之间并不存在关联。事实上，暴力往往发生在拥有油井的地区。考虑到今天流行的论调，我们自然而然会得出推论：这说明责任是石油公司的，因为它们破坏了当地的环境。如果这的确是一种解释，那我们就会遇到另一个难题：虽然当某个地区至少有一口油井时，该地区的暴力风险会急速上升，但如果这个地区有两口油井，暴力风险又会开始下降；如果有20口油井，暴力风险会变得更低。这非常奇怪，因为环境的破坏程度大致与油井的数量成正比。在我看来，与其说是石油公司破坏环境引发了当地人的愤怒，不如说是有人想借石油来敲竹杠。没有油井，就没法敲诈勒索，也就没有暴力抗议。如果有一口油井，收保护费便成了生意。但油井数量越多，石油公司花钱保平安的动力就越大（因而酿成暴力事件的概率反倒会降低）。

我不想夸大这些研究结果，因为发生在该三角洲的争端，的确起于生活在当地的人们对环境破坏提出的正当抗议：他们的地区首当其冲遭受了环境污染引发的损害，却没有看到石油收入带来什么好处。但随着时间的推移，情况发生了变化。现在，尼日利亚联邦政府向该三角洲地区投入了大量资金，石油公司也在拼命支付保护费，为了解救被绑架的工人而支付赎金几乎变成了家常便饭。该地区的本地政客竞相想要独占这些资金，暴力抗议已经变成这类政治寻租中精心策划的一部分。十年来，不满已经逐渐变成了贪婪。

让我们回头看看冲突的代价。许多代价是由邻国承担的。疾病不分国界，经济崩溃也会蔓延。由于大多数国家都与多个国家接壤，战争给周边邻国带来的总体损失很容易超过战争对本国造成的损失。而且，付出代价的也并不仅局限于在地理上直接接壤的区域。举个例子来说，全球95%的烈性毒品产自冲突国家。对此有一个直截了当的解释：冲突会产生一块受承认的政府无法控制的土地，为从事非法活动的分子提供了便利。本·拉登（Osama bin Laden）选择待在阿富汗就是出于这个原因。所以，陷于内战的国家更可能成为国际犯罪活动与恐怖主义活动的温床。艾滋病很可能是通过非洲的内战传播的：大规模强奸加上大规模移民，为通过性行为传播的疾病创造了理想的扩散条件。因此，最底层这10亿人的战争也是我们所要面临的问题。

总体而言，一场典型的内战会给该国及其邻国带来总值约640亿美元的损失。近几十年来，每年都会有大约两场新的内

第二章 冲突陷阱

战爆发,因此,全球每年为此需要承担超过1,000亿美元的损失,大约为全球援助预算的两倍。这只是一个粗略估计,尽管我们在估算的时候已经力求谨慎小心了。然而,这样的损失估算是有用的。它是评估干预措施效益的关键一步。你将在第四部分看到,有一系列干预措施可以降低内战发生的风险。我们无法评估这些干预的收益;但是,稍微把我们的模型改造一下,就可以用来计算某一特定类型的干预措施平均会降低多少风险,从而得知它会在多大程度上降低全球内战的频率。知道了战争发生频率能降多少,又知道如何估计战争的代价,我们便可以推导出干预措施的效益。将这一效益与干预措施的成本结合起来,我们便可以进行成本效益分析。

成本效益分析是政府就公共支出做出决策的基础。如果我们能够将减少内战风险的干预措施纳入这一传统的公共决策框架,我们便可以摆脱政治虚构的世界——政客们在没有证据约束的情况下装模作样的幻想。这是第四部分要讨论的问题。

冲突陷阱

现在,我们要谈的是内战对本书论题非常重要的一个方面:内战是一个陷阱。假设一个国家在独立之初便具备三个从全球来看容易引发内战的经济特征:收入低下、增长缓慢、依赖初级产品的出口。此时,这个国家就像是在玩俄罗斯轮盘赌[*]。这

---

[*] 相传起源于俄国的一种赌博形式。参与者在六发左轮手枪里装入一颗子弹并旋转弹巢,将枪口顶在自己或另一位参与者的头上或身上,随即扣动扳机,根据枪是否响决定输赢。这种赌博因为可能致人死亡而闻名。

个比喻可不是随便说说：一个最底层的10亿人的国家，在任意五年期内陷入内战的风险差不多是六分之一，与玩俄罗斯轮盘赌面临的风险相同。这个国家可能还算幸运，在陷入陷阱之前就自己走出了危险区。经济增长会直接降低风险；它能逐渐提高收入水平，从而降低发生内战的风险，这反过来又有助于国家出口产品的多样化，摆脱对初级产品出口的依赖，进一步降低了风险。但这个国家也可能没有如此幸运。假设由于这样或者那样的原因，经济增长举步维艰（我将在接下来的章节讨论最底层那10亿人的国家为什么没有经济增长），和平持续的时间可能就不足以把风险降低到不会爆发内战的程度，国家就会滑向内战。现实基本上就是如此：不幸的国家在独立后不久便发生了战争，比如尼日利亚；还有一些国家在维持了多年和平之后还是垮了，比如因为一场政变而陷入动荡的科特迪瓦，还有尼泊尔，那里的反叛者面对的是一个手足相残的王室。这些国家都生活在危险中。如果是在一个经济上较为成功的国家，执政者就算有什么品格缺陷和错误，也会被忽视，但在这些国家，这两种因素一旦结合在一起，就迟早会酿成叛乱。你可以把这些品格与错误称为叛乱的"原因"。我认为，在这样脆弱不堪的社会里，避免这种诱发内战的因素通常比发展经济更为困难，所以劝说这样一个脆弱社会里的每个人彼此以礼相待、举止得体也不失为一种值得追求的目标。但是，更加直接的解决方案可能是让这个社会变得不那么脆弱，也就是要发展经济。我们会在第四部分展开讨论，如何帮助这些国家做到这一点。

一旦战争爆发，经济上的损害会让和平时期实现的经济增长化为乌有。更糟糕的是，即使不考虑经济上的损失，战争恶化的风险也会急速上升。内战会留下一种遗产：有组织的杀戮。这种遗产是很难被根除的。对作奸犯科之人来说，暴力与敲诈勒索有利可图。杀戮是他们唯一知晓的谋生之道。我都有枪了，我还用去干别的事吗？我的一位研究生菲尔·基利科特（Phil Killicoat）目前正在收集卡拉什尼科夫冲锋枪在世界各地的逐年价格。卡拉什尼科夫冲锋枪对叛乱分子而言是名副其实的首选武器。这种数据运用上的创新将为研究冲突的工作做出真正的贡献。这并不是一项容易的任务，所以直到现在还没有人做到这一点，好在基利科特脑子活点子多。目前他的研究得到的模式似乎是，枪支在冲突期间会变便宜，因为官方与半官方渠道会进口大量枪支，其中一部分会流入黑市。于是，冲突的遗产还有廉价的卡拉什尼科夫冲锋枪。

安克·赫夫勒与我研究了冲突后社会的犯罪率。犯罪是一个难以准确评估的现象：各国对犯罪的定义不同，漏报少报犯罪行为的程度也不相同。因此，我们决定使用谋杀率来表现总体的暴力犯罪。杀人是定义最为明确的暴力犯罪，也可能被报道记录得最好。我们发现，政治和平并不会带来社会安定。政治斗争结束后，随之而来的是杀人案件的大爆炸。这想必是暴力犯罪整体激增的冰山一角。再加上互不信任和对暴行的指责，难怪典型的冲突后国家只有50%的可能性和平度过第一个十年。事实上，在所有的内战中，有一半是在冲突之后再次爆发的。

像刚果民主共和国（前扎伊尔）这样的国家，按照目前的增长速度，仅仅是恢复到其1960年的收入水平，就得大约半个世纪的和平时间。不幸的是，因为收入低、增长缓慢、依赖初级产品出口和存在着战乱冲突的历史，该国连续50年保持和平态势的可能微乎其微。除非我们采取一些措施，否则这个国家无论改头换面多少次，都还是可能会困在冲突陷阱里难以脱身。

贫穷、经济停滞、对初级产品的依赖——这些特征听起来是不是很熟悉？是的，它们是最底层的10亿人所特有的。这并不意味着所有相关国家都陷入了冲突陷阱，但它们很容易深陷其中。事实上，我们已经得到了一个体系的基本构成部分。冲突的风险因经济特征而异，经济特征也同样会受到冲突的影响。我们可将这样的互动关系构建为一个模型，以一种程序化的方式来预测冲突的发生概率可能演变的方式。我与挪威年轻的政治学家哈瓦德·赫格雷（Harvard Hegre）联手建立了一个这样的模型。模型中的世界从1960年开始，由三类不同的国家组成：富裕国家、最底层的10亿人所在的国家和发展中国家。然后我们观察有多少个国家陷入了冲突。预测的依据是我与安克分析出来的那些风险，以及从过去40年的经验推断出的关于经济增长表现的假设。我们预测了直到2020年之前（甚至有点异想天开地预测了直到2050年之前）的冲突发生率。富裕国家发生内战的风险非常低，即使过了相当长的一段时间，也没有一个国家陷入困境。少数发展中国家会发生内战，这些暂时脱轨——例如哥伦比亚或黎巴嫩这样的国家——不属于最底层的10亿人所在的国家，只是由于种种原因走了霉运。陷入内战的大部分国家是最底层那10亿人的国家。这些国家周期性地恢复和平，但经常又会陷入冲突。这个模型无法预测哪些国家将会陷入冲突，但它预测得出的全球冲突发生概率的演变趋势令人沮丧。到 2020 年，世界会比今天富裕得多；到 2050 年，世界会富裕得令人难以置信：大多数国家都会成为发达国家。但是发生内战的概率下降得不多，因为大多数的内战爆发于最底层的 10 亿人所在的少数国家，这些国家的经济增长速度很慢。我们的模型基于对贫穷、经济停滞与冲突之间的关系，量化了最底层的 10 亿人所在的国家增长进程失败的严峻影响。

政变

在最底层那 10 亿人所在的国家，叛乱不是政府面临的暴力和非法挑战的唯一形式。比起叛乱，许多政府更容易受到政变的威胁。你或许认为政变已经绝迹；你对政变的印象很可能还停留在 20 世纪 60 年代拉丁美洲某个将军的故事上。这样的印象有一定道理，因为现在政变已经过时了，在最底层的 10 亿人之外，政变已经十分罕见。但在最底层的 10 亿人中，政变仍然普遍得令人沮丧。截至 2006 年 12 月，最近一次成功的政变发生在两周以前的斐济。政变不似内战那样具有灾难性。如果套用关于地震的常用新闻标题，这一事件可能被报道为"斐济发生小规模政变，伤亡较轻"。但政变并不是更换政府的良好方式。众所周知，政变引发的政治动荡不利于经济发展。那么，是什么导致了政变呢？

我们借用了一位美国政治科学家的数据，他仔细翻阅数千页的报纸，总结了一份全面的清单，列出了非洲所有被报道的政变图谋、未遂的政变与成功的政变，我们还找到了世界其他地区成功政变的数据。我们大体沿用了我们研究内战时采用的方法。我要补充一点：我们关于内战的研究成果已经发表了，而且经过了学术审查，但我们关于政变的研究是最新的，迄今为止只在几次会议上报告过。不过，我有十足的信心认为这些成果足以成功描述政变。而且，我们的发现也让我们感到惊讶。

我们的研究表明，国家易于发生政变的原因与它们易于发生内战的原因非常相似。两大风险因素是低收入与低增长，与内战的风险因素完全相同。在非洲，一个有着单一庞大族群的社会（我们称之为"族群主导地位"）也面临着更大的政变风险，就和内战的情况一样。而且，不仅冲突会成为陷阱，政变也会成为陷阱，这同样是本书的关键论点。一个国家一旦发生了政变，它就更有可能发生更多政变。政变与叛乱最大的区别在于，自然资源因素对政变来说似乎没有那么重要。原因可能是，要发动叛乱，你得有一个持续的资金来源，以购买枪支与维持部队，而通过自然资源获利，可以确保叛乱的资金支持。但是，发动一场政变并不需要任何资金支持，因为你用来反对政府的军队本来就是政府出资维持的。

因为非洲是低收入与缓慢增长的重灾区，所以也变成了政变的重灾区。但是，除了这些风险因素以外，并不存在什么"非洲效应"。非洲不会因为它是非洲而发生更多政变，是贫穷导致政变频发，也是贫穷导致内战频发。非洲变得越来越容易发生内战，是因为经济表现恶化，而不是因为它是非洲。几年前，在一次会议上，加纳的前副总统坐在我旁边。他说他很高兴受邀前来参加会议，因为这次邀请，他才被从监狱中放了出来。他是因一场政变而入狱的，所以我们聊了聊那次政变。他告诉我，政府对于政变的发生毫无准备，政变完全是出人意料的。我说当然不是，政变是很常见的。他解释了为什么政府认为自身是安全的："我们掌权的时候，国家已经穷到没有什么可窃取的了。"

因为在非洲，政变的风险非常之高且普遍存在，所以政府无疑很害怕自己的军队。理论上，军队的作用是保卫政府。可实际上，军队往往是政府最大的威胁。我将在第九章再来谈军事这个问题。

为什么这个问题对八国集团的政策很重要

战争、政变使低收入国家无法实现经济增长，从而让它们难以摆脱对于初级产品出口的依赖。由于一直处在贫穷、经济停滞和依赖初级产品出口的状态，它们很容易发生政变、战争。战争和政变相互作用，形成恶性循环，使历史不断重演。

这些情形产生的代价主要不是由造成这些后果的人来承担的。战争带来的损失超越了战争的时间和地理界限。这些损失不仅使经历战火的国家陷入困境，还会拖累整个区域的发展。

如果内战与政变的发生可以简单地通过良好的国内政治设计（比如民主权利）得到避免，那么和平主要就会是一个国家内部应该承担的责任。也就是说，我们可能有理由认为，和平应该是一个国家的公民自己争取来的，而不是我们这些外来者要积极关注的事情。但是有证据表明，这种内部解决的办法是行不通的。且不考虑民主权利对这些人而言有多难落实，就算落实了，它也并不能降低内战和政变的风险。一个低收入社会，一旦没有经济增长，就会面临难以遏制的风险。我不想说这里面只有经济是重要的，但是如果没有经济的增长，实现与维持和平便会困难得多。而在最底层那10亿人的社会里，经济确确实实是停滞不前的。所以，冲破冲突陷阱与政变陷阱的重任，并不是这些社会靠一己之力就可以完成的。

第三章
自然资源陷阱

冲突并不是唯一的陷阱。另一个更为矛盾的陷阱是,在贫穷的环境下发现了有价值的自然资源。你也许会期望自然资源财富的发现会促进繁荣,有的时候的确如此。但那些都是特殊情况。有的时候,资源财富会促进冲突陷阱的形成。有的时候,即便是那些仍然维持着和平局面的国家,(在发现自然资源后)它们的经济也没能增长;更有甚者,自然资源出口带来的盈余会显著削弱经济增长。经济学家将超过所有成本的收入(包括正常利润)称为"经济租金",而经济租金似乎会妨碍经济增长。随着时间的推移,拥有大量自然资源的国家最终会变得更加贫穷,因为经济增长承受的损失严重抵消了经济租金带来的一次性收益。

显而易见的是,如果你拥有足够多的自然资源,你就能负担得起忽略正常经济活动的后果。整个社会都可以作为食利者生活,也就是说,依靠不劳而获的财富生活。沙特阿拉伯和科威特等坐拥巨额石油收入的波斯湾国家就是这种情况。但是这样富裕的食利国家凤毛麟角。更多的资源丰富的国家拥有的自然资源收入，仅仅能使它们达到中等收入水平，无法再有所超越了。为了实现充分发展，它们需要使用资源财富来促进经济增长。事实证明这非常困难，一般来说它们的经济会停滞不前，或者更确切地说，在一段相当长的时间内，繁荣和萧条会规律性地交替出现。俄罗斯和中东大部分地区的情况便是如此。我接下来要围绕资源财富问题展开的讨论，也适用于这群停滞不前的中等收入国家。不过，我主要关心的是第三类资源丰富的国家——那些贫穷的国家。资源在这些经济体中有着举足轻重的地位，因为这些经济体的规模很小，可它们甚至无法依赖资源达到中等收入水平。在这类自然资源丰富的贫困国家中，最底层那10亿人的国家占比高得出奇：最底层的10亿人中，大约有29%的人生活在自然资源财富主导一国经济命脉的国家。因此，就最底层这10亿人的贫困而言，资源财富是至关重要的一个方面。

那么，为什么资源财富会成为问题呢？

诅咒，诅咒……

自"资源诅咒"广为人知，已经有一段时间了。30年前，经济学家提出了一个说法叫"荷兰病"，用以形容北海的天然气对荷兰经济产生的影响。自然资源的出口使荷兰的货币相对他国货币大大升值，荷兰的其他出口活动因此失去了竞争力。

第三章 自然资源陷阱

但这些"其他出口活动"却可能很好地带动技术进步。我们后面会谈到援助的影响,届时会再次谈到"荷兰病",所以我们得先弄清楚这个概念。

就拿一个既没有自然资源出口,也没有接受援助的国家来作为例子。它的居民希望购买进口商品,而它要获得支付进口商品的能力,唯一途径就是出口。出口商赚取外汇,进口商从出口商那里购买外汇,用以支付进口产品。出口商品对于生产这种商品之社会的价值,正在于社会需要支付进口商品的费用。现在,这个国家有了可以出口的自然资源(或者获得了援助),自然资源成了这些国家外汇的来源。出口商品对于国内而言就会失去价值。换言之,原本就不能在国际范围内进行贸易的商品,比如当地的服务和某些食品,相对而言会变得更有价值,于是社会的资源就会流向这类商品的生产提供(不再用于生产原本用于出口的商品)。以20世纪70年代的尼日利亚为例。随着石油收入的增加,该国其他出口产品(比如花生和可可)变得无利可图,生产迅速崩溃。相关农业活动遭受的打击伤害了生产这些商品的农民,但是它本身并没有遏制经济的增长,因为传统农业出口并不是一个非常有活力的产业,没有多少技术进步与提高生产力的空间。然而,"荷兰病"会排挤掉那些原本具有快速增长潜力的出口活动,破坏经济增长的进程。经济增长的关键是劳动密集型制造业与服务业,这也是中国和印度正在从事的出口活动。一个拥有大量自然资源的低收入国家不太可能打入这类市场,因为通过自然资源出口赚取的外汇,在这些社会之中没有足够的价值。

"荷兰病"在经济学中仍然是一个重要的概念。你将在后文看到，最近国际货币基金组织对援助提出了批评，其理论基础就来自"荷兰病"。国际货币基金组织的首席经济学家认为，援助计划会扼杀出口，从而扼杀经济增长。然而，在20世纪80年代的时候，"荷兰病"似乎并不足以解释自然资源丰富国家存在的问题，所以经济学家也关注起了经济冲击的问题：自然资源收入的不稳定性会导致危机。这是我刚刚开始从事经济学学术工作时的思考路径。我从1976—1979年肯尼亚咖啡经济繁荣入手，研究了世界各地存在的其他贸易冲击。

收入的不稳定性显然是难以应对和克服的。物价上涨时，政府各部门觉得手里有钱，为了增加开支，制定了毫无节制的预算。在肯尼亚，一个部门将其拟议的预算提高13倍，并拒绝确定预算的优先顺序。也许该部门认为其他部门可能也会这样做，因此负责任地做事反倒可能让自己落后于别人。在这样的行为方式下，公共投资很容易失去理性。更加糟糕的是，在繁荣时期，公共开支可能增加得很快，但经济一旦随之崩溃，公共开支却很难削减。被削减的往往不是在繁荣时期上马的无关紧要的项目，而是在政治上最易受抨击的项目。所以，在经济繁荣期，外交部门也许会雇更多人，但在崩溃期，被削减的却是基础投资。

繁荣与萧条交替出现的现象也会让选民们很难分清政府在何时犯错。在20世纪80年代的前半段，尼日利亚迎来了巨大的石油繁荣。政府却在繁荣期间制造了灾难性的混乱，大肆举债，把钱用于大量浪费性的项目上，而且腐败横行。然而，在经济繁荣的岁月里，普通人也因此过上了好日子。1986年，世界油价暴跌，尼日利亚的"幸运列车"突然停止。不仅石油收入锐减，银行也不愿意继续借款：它们还指望着把钱要回来呢。从石油繁荣—借款到石油萧条—还款的骤变，大约让尼日利亚人的生活水平下降了一半。普通人注意到了这种灾难性的衰退，尽管不一定理解它为何发生。这时候，政府在国际金融机构的高调支持下，推行了一些有限的经济改革。这些改革措施被包装成一个光鲜亮丽的政治方案，并被称为结构性调整计划。虽然改革的力度不算大，但非常成功：由此带来的增长超过了石油繁荣时期的任何时刻。但是，非石油产出的几个百分点的增长完全淹没在了石油价格的暴跌和从借钱到还钱的转变之中，从而导致了消费的紧缩。改革带来的增长仅仅稍微缓解了生活水平下降带来的痛苦。这是现实发生的情况，但尼日利亚人却不这么认为。可以想见，尼日利亚人觉得，他们经历的贫困加剧是大张旗鼓的经济改革造成的。在改革之前，生活变得越来越好；改革到来，贫困急速增加。基于这样的信念，尼日利亚人总会追问一个可想而知的问题：我们为什么要搞如此具有毁灭性的改革？鉴于前文所述，他们必然会得出结论：这是国际金融机构故意想要搞垮尼日利亚。有一次，我使用联合国护照访问尼日利亚，移民官起初还满脸笑容，但等他看到"世界银行"的字样后，笑容就消失了。"我不会和你握手的，"他说，"世界银行讨厌穷人。"这种对繁荣—萧条循环的误解使得尼日利亚难以形成一批支持经济改革的群体。普通人（他们本来应该是改革的主要受益者）渴望回到治理不善的日子，因为那时

41

候社会一片繁荣向好。虚假意识（false consciousness）这个马克思主义者曾经使用的术语正可以用来形容这种大众普遍的误解。

所以，你要是观察20世纪80年代，看到的就是不稳定性。而到了20世纪90年代中期，由于出现了更多证据，经济学家杰弗里·萨克斯重新开始关注自然资源的经济租金问题。此后，政治学家也加入进来，提出资源收入会使治理状况恶化。在不否定旧的经济解释的前提下，我认为有证据表明，治理是问题的关键。然而，我认为政治学家的分析还不够深入。他们普遍认为资源的经济租金问题容易导致独裁：石油引发了萨达姆·侯赛因（Saddam Hussein）的独裁。这一论断确有非常有力的证据支持，但是真正的问题其实更为严重。

"资源诅咒"的核心在于，资源经济租金会造成民主失灵。你可能会认为，民主正是资源丰富的社会最为需要的。毕竟，在这样的社会里，国家肯定需要管理大量的资源，而民主可以为其提供独裁者缺乏的某种约束。也就是说，你可能会以为，当一个国家拥有大量自然资源的时候，民主对经济的发展最有帮助。你要是这么想，你就错了。接下来，我要谈到，在存在自然资源的前提下，有关选举竞争的一个新丛林法则：富者生存。

让我们把重点放在石油身上，它是重要的自然资源。直到最近几年，几乎可以说一个国家不可能既是民主国家，又是石油国家，因为这两个概念是自相矛盾的。在石油供应集中的中东地区，无一例外都是独裁政权，这反映了一种遍及全球的模式：石油的经济租金大大降低了一个社会实行民主的可能性。不过，事情正在发生变化。民主正在向石油经济体扩散，而开采石油的行为正在蔓延至低收入的民主国家。民主传播到石油国家是摆在明面上的事情——确切地说，显然是美国在中东地区首要关切的事务。即便没有这样的压力，民主化进程也已经在其他重要的石油经济体内开始了，例如印度尼西亚、墨西哥、尼日利亚和委内瑞拉。民主国家开始开采石油，是美国试图摆脱对中东国家石油的依赖而导致的附带结果。在冈比亚、圣多美和普林西比、塞内加尔和东帝汶等低收入民主国家，都发现了新的油田。

自然资源丰富的国家间存在着相当大的制度差异。虽然丰富的自然资源会影响国家制度，但一般而言，各国在发现它们的自然资源之前，就已经确立了自己的制度。因此，全球的制度差异在资源丰富的国家之间也得到了很好的体现。所以，我们可以从统计学的角度厘清政治体制与资源财富的相互影响。

安克·赫夫勒和我首先估算了每个国家每一年的自然资源所产生的经济租金（即收入超过所有成本的部分）。估算初级产品的经济租金是计算初级产品价值的重要一步：100万美元石油出口的经济租金要比100万美元咖啡出口的经济租金大得多，因为石油的生产成本低很多。所以，初级商品的出口数据，也就是人们真的关心数字时会使用的数据，并不能很好地体现这些资源真正的价值。如果石油来自容易开采的陆上而不是深海，每桶石油的价格是60美元而不是10美元，那么100万美元的石油出口会产生更大的盈余。

43

接着，我们把这些盈余和每个国家的政治体制进行对照。政治学家给全球各地和不同时期的民主政体做了分类，我们借用了这种标准分类。然后，我们试图用某一特定时期开始时普遍存在的特征来解释一个国家在该时期的增长。

我们发现了一个一致的模式，对伊拉克这样的国家来说，这并不是一个特别好的消息。石油等自然资源带来的盈余和选举竞争造成的压力尤其格格不入。如果没有自然资源带来的盈余，民主便会战胜专制。（这个令人振奋的说法本身就阐释了民主带来的经济影响。通常的学术研究认为，民主对于经济增长没有净效应，我们认为这是因为没有控制自然资源这个变量。）但当自然资源带来大量盈余时，情况则相反，专制会战胜民主，并且这种效应会很显著。在没有自然资源盈余的情况下，一个完全民主的政体每年的经济表现会比残暴的独裁政体好大约 2%。当自然资源的经济租金占到国民收入 8% 左右的时候，民主国家的增长优势就不复存在了。超过 8% 时，民主对经济增长的净效应就成负的了。以一个资源经济租金占国民收入 20% 的国家为例，体制从专制变成激烈的选举竞争时，经济增长率会降低近 3%。

为什么民主会损害利用资源盈余的能力呢？一种可能是，资源盈余催生了一个过于庞大的公共部门，这与 20 世纪 80 年代保守派中盛行的"最低限度国家"（minimal state）理念正好相反。我们控制了公共支出在国民收入中的占比，以此检验这个推测。我们发现，削减公共支出并不能减少民主制度对自然资源盈余利用的不利影响。自然资源丰富的民主国家之所以在经济上表现不佳，并不仅仅是因为政府的支出过多。然后，我们转而关注政府支出的构成：问题是否出在资金用错了地方？考虑到对经济增长最基础的影响因素是投资，我们控制了投资在政府支出中的比重，发现民主制度的不利影响变小了。这说明，资源丰富的民主国家投资不足。事实上，这并不奇怪。其他研究者已经发现，一般说来，民主国家普遍投资不足：政府一心只想赢得下次选举，对之后可能发生的事一概不关心，所以忽略了只有在未来才能看到成果的投资。在资源丰富的社会中，投资显得尤为重要，因为这样才能让资源盈余转变为收入的持续增长；投资不足便成为一个非常严重的错误。然而，这里面的关键在于投资的回报率而非投资率。资源丰富的民主国家不仅投资不足，而且投资混乱，有太多华而不实的项目。

资源过剩为何会搅乱政局？

要想知道在资源丰富的情况下民主政治是如何出错的，我们必须对民主概念的组成部分进行分门别类的讨论。民主不仅仅是选举。民主的一些规则的确决定了获得权力的途径，这就是选举的作用。但是，民主还有其他一些规则，意在限制权力的使用方式。这些规则可以对政府滥用权力起到制衡的作用。这两套规则都受到了资源经济租金的破坏。

丰富的资源经济租金改变了选举竞争的方式。从根本上来说，它让恩庇政治（politics of patronage）成为可能。选举竞争迫使各政党以最划算的方式吸引选票。在通常情况下，吸引选票是通过提供比竞争对手更有效的公共服务来实现的，比如提供更好的基础建设、更可靠的安全保障等。而相较于致力于公共服务的政治模式，还有另一种极端的政治模式——恩庇政治：用公款贿赂选民。实行无记名投票的原因之一就是为了防止竞选者贿赂选民。但在一些社会里，有一些方法可以绕过不记名投票。例如，一个政党可以造谣说投票不是真正的不记名，或者可以花钱买下其他候选人支持者手中的选民登记卡，让他们无法投票。遗憾的是，在选举贿赂大行其道的地方，这种手段可能屡试不爽，因为用你的选票支持提供公共服务的政党而不是把它卖给提供贿赂的政党，这么做无助于你的个人利益。还不如把自己的选票卖掉，谁愿意为了国家利益投票就去投吧。如果贿赂少数几个意见领袖就能买到大量选票，恩庇政治对一个政党来说就显得十分划算了；从一个自私势利的政客的角度来看，普遍性的公共服务就是在浪费钱。对一个时装公司来说，把营销力量集中在意见领袖身上是很合理的；类似地，一个要通过恩庇政治贿选的政党，合理的做法就是集中资金收买社群领袖。在选民对族裔社群忠诚度较高、普通选民掌握的客观信息比较少的地方，最容易出现由领导人授意的集体投票。不幸的是，这正是最底层那10亿人的社会的典型状况。事实上，我们发现，在一个资源丰富的社会里，族裔越多元，民主政体的表现就越差。同样，在资源丰富的国家，新闻自由度越低，民主的表现就越差。

但是，假设我们承认，在保持族裔忠诚与缺乏新闻自由这两个条件不变的情况下，恩庇政治相比于提供公共服务而言是

第三章 自然资源陷阱

更为划算的竞选策略，仍然还有一个疑问：为什么这类问题更多出现在资源丰富的社会里。毕竟，仍然有许多社会存在族裔多样性与缺乏新闻自由的问题。

在许多社会里，就使用公共资金来吸引选票而言，恩庇政治虽可能比提供公共服务更划算，但往往代价高昂，并不可行。要使这一策略变得可行，执政党必须设法挪用公共资金。显然，使用资源收入提供公共服务与使用资源收入提供私人恩庇之间的一个关键区别在于，恩庇政治打破了公共资源管理的所有规则。为了给恩庇政治筹集资金，政府首先需要从预算中挪用公款，并将其用于非法目的。如果对挪用公款有足够严格的限制，恩庇政治的成本就会高到根本不可行。我们认为，这里正是资源经济租金起到颠覆性作用的地方。但如果存在对权力的有效制衡，即便参选政党在选举竞争的驱使下有机会耍恩庇政治的手腕，也不会成功。而且，存在有效制衡机制的社会是根据参选者是否有提供公共服务的内在动机来选择政客的，这进一步巩固了对恩庇政治的防范机制。一旦恩庇政治寸步难行，涉足政治的人就会对公共服务提供的议题更感兴趣。而在恩庇政治大行其道的社会，事情当然就是反过来的：民主政治更可能引来骗子，而不是大公无私的人。经济学家通常会认为，竞争环境遵循适者生存的规律。但在恩庇政治畅通无阻的环境里，选举竞争会让腐败者成为赢家。因此，我们才得出了那条政治丛林法则：富者生存。

一天晚上，尼日利亚税务局的主管邀请我出去共进晚餐。说得更精确一点，他这个主管已经卸任了，刚刚辞职下海，干起了他进入税务局之前的老本行。饭桌上，他告诉我他为什么干不下去了。两年来，他一直在努力争取推动一项关于税负的小法案在立法机构获得通过：它没有争议，只是一项技术性的收尾工作。它能不能通过全看相关委员会的主席，这个人曾对他说："多少钱？"也就是说，委员会主席希望税务机关贿赂自己。不贿赂，就别想通过。为什么会这样？因为这是正常现象，大家都这么干。日积月累，恩庇政治招来了骗子。

为什么大量的自然资源收入会削弱政治上的约束力呢？有一个显而易见的原因：大量的资源收入从根本上减少了对税收的需要。因为资源丰富的国家不再需要征税，就不会鼓励公民监督自己缴纳的税款是如何被花掉的，公共利益因而得不到维护。这种对问责制的破坏大体上早已为人所知，人们通常把它当作资源丰富的社会更可能实行独裁制度的一种解释。而我们主要的观点是，在民主政体中（至少是以选举竞争为标准的民主政体），这种破坏问责制的现象也在发生。受到破坏的并不是选举竞争，而是对权力使用方式的政治约束。

我们发现，资源经济租金会逐渐削弱制衡的力量，使选举不再受正当程序的约束。各政党可以自由选择以恩庇的方式攫取选票，并且在族裔忠诚度高、缺乏新闻自由的情况下，这是最划算的吸引选票的手段。任何选择公共服务路线来吸引选民的堂吉诃德式的理想主义政党都会在选举中失败。

政治学家已经研究出了一种量化方法，用以衡量权力受到的政治约束。这个系统和所有量化方法一样，自身也有不足：它罗列了17种可能的制衡措施，比如独立的司法机构、独的新闻机构等，然后简单汇总了待考察的政治体制里涵盖了其中的多少种措施。这个研究方法并不理想，但总比没有好。有的民主国家长于选举竞争却缺乏制衡，有些民主国家则相反，民主成熟的发达国家一般兼具两者。当我们把这两项标准用于解释经济发展时，我们发现它们给资源经济租金与经济增长关系带来的影响正好相反。选举竞争会大大恶化资源经济租金对增长的贡献，而对权力的约束机制则会显著提高资源经济租金对经济增长的贡献。

有了足够强大的约束，一个资源丰富的民主国家就能在经济上获得成功。这里的"足够"在现实中又意味着什么？让我们回到那个资源经济租金的价值占 GDP 的 20%、选举竞争激烈的国家的例子。请记住，在缺乏制衡的情况下，与独裁社会相比，这个社会的经济增长率损失了近 3 个百分点。就我们所使用的制衡的量化尺度来说，只需使用 17 种可能约束中的 4 种，这个社会就可以消除这 3% 的损失，如果采用 8 种约束手段，它的经济增长率将会比独裁社会高出 2.8 个百分点。从 17 种约束措施中选择 4 种，听起来并不算多，但不幸的是，这比一般的资源丰富国家拥有的约束手段还要多一倍。相比于其他国家，资源丰富国家更加需要制衡的力量，但矛盾的是，这些国家的制衡措施比其他国家更少。

一个社会只是增加 17 种约束中的任意 4 种就可以解决吗？很可能不行。量化指数只是一种粗略的估计，不是蓝图。它既不能告诉我们哪些制衡最重要，也不能告诉我们这些制衡措施是如何相互作用的，更不能告诉我们它们如何受到文化背景的影响。我们能从定量研究中得到的东西基本就是这些了。不过，我们的研究还可以更进一步。如果有什么约束是重要的，那一定是新闻自由。一个名为"自由之家"（Freedom House）的组织多年来整理出一套全球新闻自由的评分体系。评分的方式非常粗糙：自由、部分自由、完全不自由。我们用它来研究新闻自由在资源丰富社会里的重要性是否有所不同。我们发现，一般来说新闻自由与较快的经济增长率有关系，但是在资源丰富的情况里，这种效应要显著得多。

最后，我们试图弄清楚哪些政策通过约束措施得到了改善。根据我们的研究，答案还是投资决定：约束措施提高了投资回报。关于制衡如何提高投资回报，一个实际例子可以在尼日利亚这个非洲最重要的盛产石油的国家看到。在1979年之前的十多年中，尼日利亚一直由军事独裁者统治。不过，尼日利亚在1979年恢复了民主的文官统治，选举谢胡·沙加里（Shehu Shagari）为总统。不幸的是，他的政权成了由恩庇政治驱动选举竞争的典型例子，缺乏权力制衡。政府的首批行动之一便是收回军政府时期核准的一个大规模的大坝公共投资项目。该项目被重新核准，但根据新的合同，其成本由1.2亿美元上升到了惊人的6亿美元。政客们花了一大笔钱通过贿选当选，现在迫切需要收回自己的本钱，而回本的办法就是借着大坝项目捞钱。

第二个例子同样来自尼日利亚，不过时间离现在更近。1983年年底，尼日利亚再次陷入军事独裁统治，直到1998年才又恢复文官民主统治。2003年，奥卢塞贡·奥巴桑乔

（Olusegun Obasanjo）开始了他的第二个民选总统任期（他在1976年至1979年曾担任当时军政府的首脑）。他的第一个民选任期和沙加里政权相仿，是一段由军事统治向民主统治过渡的时期，实际上也是沙加里政权的重演。选举竞争非常激烈：在2003年的选举中，有80%的现任参议员都被击败了。相较之下，制衡实际上名存实亡：没有时间去建立制衡，所有强大的部门利益集团都反对制衡。在奥巴桑乔总统的第二个任期，他以强大的勇气开始采用早先缺失的制衡措施。最早的一项约束是，要求公共投资项目必须进行竞争性招标，这一举措出人意表，因为以前从来没有过这样的要求。奥巴桑乔不仅首次提出了这一要求，还赋予了它一定的追溯性：一些之前被批准的项目被政府召回了。收回的项目以竞争性招标的方式重启，使得成本平均降低了40%。

一是无约束的选举竞争导致大坝成本大幅度增加，一是基本约束的建立使成本大幅度削减，尼日利亚这两个例子说明，资源丰富的民主国家所面临的巨大的风险无处不在。

那么这算是倒退回了独裁吗？

上述那些令人沮丧的证据似乎表明，资源丰富的社会应该延续独裁统治。这是一个极其令人不快的结果，毕竟，不论民主制度对经济有怎样的影响，都有强有力的理由认定民主是好东西。不过，对于最底层那10亿人所处的几乎所有社会来说，即使从经济方面看，独裁统治也不是正道。有一个强有力的理由可以解释,为何独裁无法在最底层那10亿人的大多数社会里良好运作:族裔的多样性。

我已经在冲突陷阱的背景下讨论过族裔多样性的问题。在该问题上,我持乐观看法:族裔多样性与冲突风险的增加之间没有什么联系。但是族裔多样性对经济增长更广泛的影响却没有那么令人乐观。独裁统治似乎只有在族裔并不多元的社会里才会对经济发展产生一定的促进作用,然而最底层那10亿人所在社会的许多独裁政权却面临着族裔多样性的特点。从全球范围来看,在族裔多元的社会里,独裁统治之所以会阻碍经济增长,最有可能的原因是,族裔多样性往往会损害独裁者的支持基础。通常来说,在族裔多元的社会,独裁者依赖的往往是自身族裔群体的支持。想想萨达姆·侯赛因,他是逊尼派穆斯林,他的复兴党主要由逊尼派组成,这对伊拉克的什叶派和库尔德人来说是一种伤害。社会组成越多元,独裁者所属的集团就会越小。这反过来又会改变独裁者的动机。独裁者的社会支持基础越狭窄,独裁者就有越强的动机,为了给自身所属的集团分的蛋糕更大一些而采取牺牲经济增长的经济政策。

因此,在尼日利亚乃至伊拉克这样的族裔多元的国家,独裁未能制造出有利于增长的条件,回归独裁也无助于经济情况的改善。令人忧心的是,选举竞争不足以克服独裁对经济增长的阻碍,它只会改变阻碍的形式,变成恩庇政治引发的资源浪费,这种浪费更为广泛。在族裔的多样性与资源经济租金盈余的背景之下,选举竞争是必要的,但只有它是不够的。

资源丰富、族裔多元的社会需要一种与众不同的民主。它的不同之处在于，比起选举竞争，它更强调对政治权力的约束。这样的组合虽然罕见，但的确存在。博茨瓦纳就是一个例子，这个国家有着丰富的钻石资源，尽管自独立以来一直是民主国家，但任何一次选举都没能真正更换政府，它的选举竞争也实在算不上激烈。然而，博茨瓦纳成功把正当的程序坚持遵守了下来。其中值得注意的一点是，所有公共投资项目必须达到一个最小回报率。这个措施得到了强制执行，明显的证据是，该国在外国资产中积累了一大笔盈余资金。因此，博茨瓦纳的民主与尼日利亚旧日的民主形成了鲜明对比：两者在选举竞争和制衡之间的平衡截然不同。它们在经济增长上的命运也极为不同：博茨瓦纳已经变成了一个中等收入国家，彻底脱离了最底层那10亿人的行列。事实上，在很长一段时间里，博茨瓦纳的经济增长率是世界上最快的。

为什么自然资源丰富是一个陷阱？

为什么我把自然资源丰富视为最底层那10亿人所在社会的一个陷阱呢？石油对于挪威来讲是好的，那为什么对乍得来说却不是呢？我不想忽视传统的经济学解释："荷兰病"和大宗商品价格的波动。即使一个国家治理得当，这些因素也会抑制经济的增长。这两个因素将国家困在陷阱中，几乎关上了一个国家走向制造业与服务出口多元发展的大门，而这些都是相当大的机遇。在我看来，从政治学角度给出的解释同样重要：资源经济租金很可能诱发独裁统治。在最底层那10亿人所处的族裔多元的社会里，这种独裁统治很可能对经济发展极其不利，就像萨达姆·侯赛因治下的伊拉克。但是我关注的是，即使民主替代了独裁——这不是一件容易的事，独裁者一般都会死死抓住权力不放——也是不够的。在最底层那10亿人中，资源丰富的社会可能得到的那种民主会让国家失去经济发展的能力。在向民主过渡的过程中，不同的群体有着很强的动机参与选举竞争，但没有相应的动机让他们树立约束。约束是一种公共商品，提供这种商品并不符合任何人的特别利益。

所以，如果资源丰富对于树立约束如此不利，那为什么挪威能够树立约束呢？其实在挪威得到石油前，该国就已经树立了这些约束。约束不仅有利于经济的增长，还能反哺政治游戏的规则。人均收入水平的提高促进了对政治权力的约束。经济的增长会逐渐驱动健康的制度变革。所以，政治体制在一定程度上反映了曾经的经济增长，也会影响未来的经济增长。挪威并没有什么特别的约束手段，它只是制定了符合其发展水平的正常规则。

正是这样的情况使政治发展陷阱成为可能。一个低收入并且资源丰富的社会，不论是族裔多元的独裁社会，还是在缺乏权力制衡的选举竞争下迅速获得失衡民主的社会，都有可能滥用丰富资源给它带来的机遇，导致社会无法发展。这反过来又堵塞了大多数社会为建立平衡的民主形式而采取的道路——经济发展。资源陷阱的影响很可能远远超出了最底层那10亿人的范围。许多资源丰富的中等收入国家，尤其是俄罗斯、委内瑞拉和中东的一些国家，都有可能深陷其中。但至少对这些国家的公民来说，他们的生活不会像最底层这10亿人那样悲惨，因为他们的收入停滞在了中等收入水平，而不是停滞于底层水平。因此，我想说的是，资源陷阱并不是最底层那10亿人独有的，只是资源陷阱攸关他们的生死利害。

为什么这对八国集团的政策非常重要

与冲突陷阱相比，八国集团的公民不太可能会对自然资源陷阱产生"那又怎样？"的想法。很明显地，资源丰富国家的失败会影响到我们——伊拉克无疑就是一个例子。这些失败还意味着，我们在购买这些国家的资源时，支付的资金会遭受巨大的浪费。我会在第七章提到，这些资金远远超过了援助，但它们在促进经济发展方面的作用却逊色得多。

即使你觉得只要能买到自然资源，自己的钱被浪费也无所谓，你也得担心"资源诅咒"。众所周知，富裕世界希望逐渐转移其对中东石油的依赖。这就是非洲与中亚能发挥作用的地方。然而，同样不新鲜的是，拥有庞大的石油收入是中东面临前述诸多困难的原因之一。如果"资源诅咒"如影随形，那么作为一种安全措施，转移石油供应根本发挥不了应有的作用。在我看来，依赖最底层的10亿人来获得自然资源，就像是把他们当作**第二个中东**。所幸的是，正是因为我们作为资源大买家密切卷入了资源陷阱，才有合适的政策手段可打破这个陷阱。我们只是还没有来得及使用这些手段。我将在第九章指出，我们没有去解决这个问题不是偶然的；资源陷阱有两头，我们被卡在了其中一头。每一个富裕的、渴望获得资源的国家都被锁在了无所作为的囚徒困境中。但在这之前,我首先要谈谈另一个陷阱。

第四章
深处内陆并与恶邻为伴

当我还是世界银行研究部主任时，有一天，一位年轻的加纳人来拜访我。他在中非共和国担任总理的经济顾问。这本身便说明了中非共和国的一些问题：总理找不到一个本国人来担任经济顾问。这个国家几乎没有培养出什么受过教育的人，加之国家长年累月治理无方，少数受过教育的人因而纷纷去国离乡。就连该国总理也是从国外回归的流亡者。不论如何，这位认真的年轻人读过我的作品，希望我给他一些建议，帮助他的国家摆脱经济停滞。后来，我在2002年访问了中非共和国。在机场，国家电视台的摄制组像接待名人一样接待了我。这也说明了一些问题：没什么人访问中非共和国。当我与政府进行讨论时，我提了一个在向政府提供建议时经常会问的问题，这个问题是检验政府官员抱负的试金石，可以明确得知他们的目标：他们希望中非共和国在20年后更像哪一个国家？一群政府部长讨论了一番后，给了我一个答案：布基纳法索。布基纳法索！事实上，这绝对不是一个愚蠢的答案。两个国家拥有一些重要的共同特点，布基纳法索已经在现有的条件下尽其所能了，但它仍然处于极度贫困的水平。中非共和国的现实抱负竟然只是在20年后达到布基纳法索现在的水平，实在令人绝望。

在本章，我要讨论一个与地理有关的问题，这个问题与发展息息相关，中非共和国与布基纳法索正是因此困在了发展的慢车道。在过去十年间，经济学家已经意识到了地理问题的重要性。在研究地理因素的重要性方面，有两套开拓性的思路，它们完全不同、互为补充。一套研究思路立足于研究地区间的地理因素差异，开创这一研究的是学者杰弗里·萨克斯。另一种研究思路并没有那么直观，它抛出了一个问题：如果所有国家在一开始处于同一起跑线上，但有些国家在各种不同机遇上占得先机，会发生什么情况？引领这项研究的学者是保罗·克鲁格曼（Paul Krugman）和托尼·维纳布尔斯（Tony Venables）。这两套思路对理解最底层10亿人面临的问题都非常重要。其中一套思路是本章的主题，另一套思路将在第三部分介绍。

萨克斯的研究表明，深处内陆会使一国的经济增长率下降约0.5个百分点。对于他的说法，有人会搬出一种精明而标准的反驳，反驳的论据是瑞士、奥地利或者卢森堡，另外非洲的博茨瓦纳也是一个不错的例子。的确，在很长一段时间内，博茨瓦纳一直是世界上经济增长最快的国家。诚然，深处内陆不一定会让国家的发展趋缓或者陷入贫困，但生活在最底层那10亿人的社会中的居民，有38%生活在内陆国家——接下来你会看到，这纯粹是一个非洲问题。由于非洲的问题通常被归因于非洲自身，而世界其他地区的国家并没有因为深处内陆而产生相似的问题，因此内陆问题所造成的困境被大大低估了。

邻居很重要

我在领导世界银行的研究部门时，有幸让托尼·维纳布尔斯主导了贸易研究的部分，我鼓励他进一步研究深处内陆带来的问题。他找到了一组数据，统计了一个集装箱由美国和欧洲的港口运往世界各国首都的成本。很显然，内陆国家首都城市承受的运输成本要高得多。然而，令我们最吃惊的是，成本的巨大差异似乎与运输距离无关。托尼最终找到了问题所在。对于内陆国家来说，其运输成本取决于它的沿海邻国在交通基础设施上的投入。换一种方式思考，可以说：内陆国家被邻国绑架了。

为何乌干达很穷，而瑞士却十分富裕呢？部分原因确实是瑞士的出海通道依赖于德国和意大利的基础设施，而乌干达要出海就需要依赖肯尼亚的基础设施。你觉得哪个更好？如果你深处内陆，通往沿海地区的交通条件十分恶劣，但你对此又无计可施，那么任何需要大规模运输的产品就都很难融入全球市场。这样的话，就别扯什么制造业了——可迄今为止，制造业是快速发展最可靠的驱动力。

但是我想知道，邻国在其他方面是否也举足轻重。也许对于内陆国家来说，邻国不仅是其通向海外市场的运输通道，也是最为直接的市场。或许德国与意大利并不是瑞士产品走向市场的必经之路，它们就是瑞士的市场。也许瑞士与市场的联系并没有被切断，它周围都是市场。那么，乌干达为什么不是这样呢？所有内陆国家都是被邻国环绕的，不然就不算内陆国家了。但是，有些邻国相比于其他邻国更适合作为出口市场。在瑞士周围，有德国、意大利、法国与奥地利与之相邻。在乌干达的周围，有经济增长停滞将近30年的肯尼亚，有陷入内战的苏丹，有发生过种族灭绝的卢旺达，有彻底崩溃的索马里，有经历过灾难性的历史并因此由扎伊尔改名的刚果民主共和国，还有曾经入侵乌干达的坦桑尼亚。可以说，至少在最近的几十年，瑞士周边的环境一直不错。至于中非共和国，或许你可以看一看地图。原则上来讲，它的生命线应该是乌班吉河（Oubangui River）。中非共和国以前可以通过这条河出口它的关键出口商品：原木。但不幸的是，中非共和国沿乌班吉河的下游地区名义上属于刚果民主共和国——这个地区在打内战，是一个法外之地。所以，中非共和国就无法通过这条河运输原木，只能通过公路运输。这些原木的体积异常庞大。我记得我在某个地方看到过，说道路损坏的程度是以轴荷的立方增加的。用公路运输原木，就会毁坏公路。我曾站在公路旁亲眼见识过这个现象。

　　我决定从统计学的角度来研究这个问题。在全球范围内，内陆国家是如何实现经济增长的，其增长又是怎样被邻国影响的？这次与我搭档的是史蒂夫·奥康奈尔（Steve O'Connell），斯沃斯莫尔学院的教授。我们发现，地处内陆对一个国家来说是否成为问题，完全取决于这个国家还有哪些别的机遇。一个国家不管是不是内陆国家，只要它拥有大量的自然资源盈余（见第三章），它就掌握着发展的关键因素。这就是博茨瓦纳地处内陆却能够表现出色的原因：它恰当地利用了巨大的自然资源财富。我们在上一章看到，如果一个国家拥有大量自然资源，根据"荷兰病"的理论，它的其他出口品可能就会缺乏竞争力。一个自然资源丰富的国家并不会因为拥有海岸线而比内陆国家多一个出口机会，因为丰富的自然资源会关上这个机会的大门。而且，一个资源丰富的内陆国家在出口资源时也不会有太大劣势，因为尽管地处内陆会带来较高的运输成本，但自然资源通常有很高的价值，仍然有出口的机会。事实上，与资源匮乏的内陆国家相比，资源丰富的内陆国家至少有取得成功的机会，博茨瓦纳就是这样。

因此，如果要确定"深处内陆"这一特征是增长的严重障碍，显然有必要在这个特征前面增加一层限定：对自然资源匮乏的国家而言，"深处内陆"是增长的严重障碍。但即便增加了这一限定条件，最底层的10亿人中仍有30%生活在这种处境下。

我们发现，总的来说，无论是否深处内陆，所有国家都会从邻国的经济增长中受益：增长会带来外溢效应。从全球平均水平来看，如果一个国家的邻国的经济额外增长了1%，这个国家就会额外增长0.4%。所以，拥有好的邻国对每个国家经济的快速增长都会有帮助。从全球来看，资源匮乏的内陆国家似乎尤其受益于邻国的经济增长——对于内陆国家来说，外溢效应带来的经济增长率不是0.4%，而是0.7%。所以，像瑞士这样的国家就不成比例地将自己的经济导向服务于邻国的市场。如果你是沿海国家，你就为世界服务；如果你是内陆国家，你就为邻国服务。如果你是瑞士，你会得到回报；如果你是乌干达，那你的努力大概会付诸东流：乌干达的邻国在地理上更幸运，要么沿海，要么拥有丰富的自然资源，但是由于这样或那样的原因，乌干达没能好好利用它们的经济增长机遇。总的来说，为了经济增长，资源匮乏的内陆国家必须依赖邻国，它们还能做什么呢？但这样的选择是否为它们带来一线生机，则取决于这些邻国是否陷入了这样或者那样的增长陷阱。

再来考虑一下乌干达的邻国。肯尼亚与坦桑尼亚多年以来一直因为不良的政策而身陷困境，这个陷阱我们将在之后谈到。刚果民主共和国、苏丹与索马里陷入冲突之中。卢旺达与乌干达一样陷入了内陆陷阱，且同样冲突不断。乌干达进不去全球市场，因为肯尼亚的公路疏于养护，运输成本非常高；也不能把经济转向邻国，因为邻国同样身陷困境。

资源匮乏又深处内陆，再加上邻国没有发展机遇，或没有抓住发展的机遇，这些因素很容易让一个国家困在发展慢车道上。但是真的有很多国家陷入了此种困境吗？在非洲之外，根本不存在这样的国家。在非洲以外的发展中国家，只有1%的人口生活在资源匮乏的内陆国家。换言之，除了在非洲，那些远离海岸、没有资源的地区根本不会成为国家。这些地方非常依赖周边地区的一举一动，与其独立，不如成为其他国家的一部分，这是很明智的选择。但非洲不同。非洲有约30%的人口生活在资源匮乏的内陆国家。可以提出一个合理的理由，即这些地方根本不应该成为国家。然而事到如今，这些国家已经存在，并且会继续存在下去。

这还没完。想一想，在全球范围内，资源匮乏的国家通过最大限度地利用邻国增长的外溢效应，至少部分地解决了自身的经济问题。邻国的经济每多增长一个百分点，它们自己的经济便会增长0.7%。但非洲又不一样。非洲的内陆国家并不依靠邻国。它们的基础设施和政策，要么完全面向国内，要么就面向世界市场。邻国只是它们走向世界市场的阻碍，而不是它们自己的市场。这在经济增长的外溢效应上有所体现。在非洲，如果邻国的经济额外增长1%，那么这对一个内陆国家的增长会有多少外溢效应呢？答案是，基本不存在外溢效应。不管是否深处内陆，世界所有国家外溢效应的平均水平是0.4%；在非洲以外的内陆国家，外溢效应带来的经济增长率是0.7%，而非洲内陆国家的这一数字是0.2%——等于没有。当然，到目前为止，这并不重要：通常来说，地处非洲的内陆国家的邻国鲜有增长，也就没什么可以外溢。但就目前的情况来看，即便那些比较幸运的国家经济稍有起色，也不会对内陆国家有什么帮助。

我想为中非共和国做一点力所能及的事情。世界银行与国际货币基金组织都没有一名雇员常驻该国。我想找一些潜在的捐助方，但是一个关键的捐助方对我说，中非共和国不值得援助，因为该国政府正面临安全问题。也许捐助方对当时的局势有所察觉：几个月之后，这里发生了一场成功的政变。前总理在一间大使馆内避难数月，目前他住在巴黎。现在中非共和国又一次陷入了政变陷阱之中,它有可能同时陷入了不止一个陷阱。

那么,内陆国家该做些什么?

自身资源匮乏且深处内陆,周边环境又很糟糕,这些因素让发展变得更加困难;但如果这个国家的政府做了正确决策,那么这个国家是否会迎来发展的机遇呢?这实质上就是中非共和国的总理想知道的。为了回答这个问题,针对最底层10亿人的国家,我们研究了国家行动所受的限制。深处内陆、资源匮乏的国家缺乏单一的、显而易见能成功的增长战略,以帮助它们达到中等收入国家水平,因此,它们需要有独创性的方法来走出目前的困境。

策略1:增加邻国的外溢效应

如何才能增加邻国经济增长的外溢效应呢?从事跨境贸易,首先要关心的是运输基础设施与贸易政策。然而,跨境贸易依赖边境双方的运输基础设施,所以有一半的问题是内陆国家的政府无法控制的。那贸易政策呢?这个问题我将在第十章进一步探讨。内陆国家对区域一体化有着浓厚的兴趣,包括消除区域内的贸易壁垒,它们对降低区域外的贸易壁垒同样有强烈的兴趣。区域贸易壁垒产生了一种由贫困内陆国家向其工业化程度更高、更加富裕的邻国的无形转移。因此,在一个区域的贸易集团内,内陆国家应该游说争取尽可能降低贸易壁垒。

但是，这依然取决于它们的邻国。在2003年东非共同体（East African Community）恢复了对外共同关税之后，乌干达被迫提高了对非成员国的贸易壁垒。

策略2：改善邻国的经济政策

外溢效应意味着，当经济更为一体化时，邻国经济的表现会变得更为重要。邻国发展得越快，内陆国家的经济增长得就越快。内陆国家不仅无法承担自己决策失误的后果，也无法承担更富有的邻国所犯错误的后果。因此，条件较好的邻国的良好政策选择就会成为一个地区的公共产品；有没有这个产品，取决于各个国家的决策，因而它往往是很稀缺的。这造成了一种不对等的关系：尼日利亚推行良好的政策对尼日尔来说非常重要，但尼日尔的政策好不好，对尼日利亚却影响不大。尼日尔是可以向尼日利亚提出请求，但成不成就完全没底了。

策略3：改善出海通道

出海通道事关内陆国家的重大利益。但是请记住，通向海外的成本取决于沿海邻国的交通设施与政策。由于邻国政府提供的基础设施是区域性的公共产品，它们通常没有足够的动力来满足这种产品的需求。

策略4：成为地区的避风港

许多商业服务是区域性贸易，而非全球性贸易，比如一些金融服务。这些服务通常依赖良好的政策环境。如果某个地区的一个国家制定了明显优于邻国的政策，它就会把这些服务的提供商吸引过来，使得这些服务可以惠及整个地区。这方面典型的例子就是黎巴嫩，它现在成了整个中东地区的金融中心。黎巴嫩的情况表明，一个国家想要成为一个地区的避风港，并不一定要深处内陆。内陆国家并没有决定性的优势。然而，它们的确具有相对优势。相比条件好的国家，内陆国家显然没有多少可以选择的战略，所以有更强大的动机来维持必要的改革。由于可能成为金融等对政策高度敏感的产业的区域中心，这就给了内陆国家一种采取良好政策的特别动机。

策略5：防止领空封闭或者电子锁国

在某种程度上，贸易技术已经变得有利于内陆国家了。航空运输比过去更重要了。空运经济的规模效应很强，在这方面，内陆国家仍然处于不利的地位，因为它们的航空服务市场很小。不过，虽然航空业规模不大，但仍有可能实现低成本运营，放松经济管制是这其中的关键。通过开放领空政策，可以降低航空服务的成本，增加航空运输使用的频率；在这方面，尼日利亚提供了一个很好的范例。这些公司或许可以为非洲内陆地区提供全域低成本的航空服务奠定基础。更笼统地说，内陆国家需要像瑞安航空、易捷航空和西南航空*这样低成本的公司。而非洲的内陆国家目前拥有的却是价格高昂、经营不善的国有航空公司，其中最著名的便是扎伊尔航空公司，它们的飞机会

---

* 这三家公司分别位于爱尔兰、英国和美国，都是著名的低成本航空公司。

被定期征用，载着刚果的第一夫人到处购物。

电子化服务现在也有促进经济快速增长的潜力。近年来印度的经济就是这样发展起来的。印度是一个沿海经济体，有多种方式融入全球经济体系。可内陆国家没有这样宽泛的选择空间。电子化服务的吸引力在于它不受距离影响。而想要让电子服务业拥有一定的竞争力，有两大支柱必不可少：一是良好的电信基础设施，二是受过小学以上教育的工人。发展良好的电信业靠的是适当的监管与好的市场竞争政策。而政策好不好，是很容易判断的：相比于全球基准来说，价格是否合理？覆盖面是否广泛？

策略6：鼓励侨民汇款

因为内陆经济体促进增长的选项不多，所以很有可能出现大量的人口外移。当然，这也取决于其他国家的政府是否愿意接纳来自最底层10亿人社会的移民。但无论如何，这都意味着社会人才的流失。不过，通过鼓励移民大量汇款，可以把移居国外的人口变成某种优势。让移民尽可能向国内汇款，有赖于几项手段。一是让人民接受教育，这样他们便能够在高收入经济体中找到工作，而不只是在同样贫穷的邻国做没有技能要求的小工。二是提供便利帮助这些移民在相应的经济体中找到工作。菲律宾就在这方面下了功夫，为我们提供了示范。菲律宾针对高收入经济体的需求对移民进行培训，政府提供就业信息与使馆服务，让公民更容易找到工作。三是鼓励移民将部分的工资汇回母国。这取决于银行系统与汇率。如果汇率定得太高，相当于向汇款征税，就会阻碍汇款的流入。一种比较长远的战略是鼓励侨民回国投资，例如为家人及退休生活修建住宅，还有就是加强移民第二代与母国的联系。

策略7：为资源勘探创造透明和对投资者友好的环境

目前被归类为资源匮乏的低收入内陆国家有着宽广的国土面积。在这些面积宽广的土地下方，可能藏有尚未被发现的珍贵自然资源。然而，这些自然资源的勘探却面临着障碍，主要的障碍可能是资源开采公司觉得有风险。其中一些是政治风险，但更重要的风险是，如果资源所在国对资源收入的管理有明显问题，勘探公司的声誉就可能受到损害。当然，并不是所有公司都担心自己的声誉，因为并非所有公司都有良好的声誉需要保护。然而，这就导致了所谓"逆向选择"问题：被有风险的环境吸引前来的公司，并不会在意不良的政府管理，因此它们没有兴趣帮助所在国避免资源陷阱的问题。这样的逆向选择甚至在延伸向许多资源开采公司背后的政府。

策略8：发展乡村

由于内陆国家并没有实施快速工业化的机会，在很长时间内，其大部分人口会继续留在农村。这反过来又意味着，相比于其他经济体，乡村的发展应该获得更高的优先级。工业出口所需的政策是全球一致的，但乡村发展所需要的政策必须适应当地的实际情况，所以需要花更大的力气去了解。同时，欧洲、日本与美国对农民的补贴制约了内陆国家乡村的发展。

策略9：设法吸引援助

即使政府很努力地实施这些战略，国家仍有可能长期处于贫困。因此，国家应该尽可能地吸引捐助。我将在第九章讨论这个问题。

为什么这些对八国集团的政策十分重要

你们会发现，一个国家的政府并不能完全控制这些战略中的大多数。这取决于这些国家的邻国，或者有赖于国际行动者提供的捐助等援助手段。不过，在一个资源匮乏的内陆国家，即便有恶邻为伴，好的政府也肯定能有所作为。例如，乌干达与布基纳法索的政府在超过十年的时间里一直维持着不错的经济增长率，尽管部分增长率归功于从糟糕的前任造成的破坏起步的恢复工作。但是，我没有发现有哪个深处内陆、资源匮乏、恶邻相伴的国家可以跻身中等收入国家的行列。如果我们不为它们提供比现在更多的帮助，它们就会困在贫困的陷阱中。如何帮助它们，是我在第四部分要讨论的问题之一。

第五章
小国的不良治理

治理方式和经济政策影响着经济的表现,但是好政策对经济的正面影响与坏政策对经济的负面影响却并不对称。优秀的治理方式和经济政策虽能促进经济增长,但能实现的增长率最高也就能达到约10%:无论政府做了什么,经济增长都不太可能会超过这个速度。相比之下,不良的治理方式与政策会以惊人的效率摧毁一个经济体。例如,自1998年以来,津巴布韦的经济崩溃导致每年的通货膨胀率超过1,000%,总统罗伯特·穆加贝(Robert Mugabe)必须为此负责。如果你踏入这个国家,穿过荒芜的国际机场,便可以亲眼看到这样的衰退。因为存在着这样的不对称,约束政府可能比提高政府的效率更加重要。

我认为,良好治理方式的拥护者和良好政策的拥护者(这两群人并不相同)都有点自吹自擂之嫌。良好的治理方式和政策可以帮助一个国家抓住机遇,但不能在没有机遇的地方创造机遇，并且应对不了不可抗力。即便是最好的治理方式和政策，都没有办法把马拉维变成一个富裕的国家，因为它根本没有发展的机遇。截至最近几年，尼日利亚最好的经济政策（但也是差强人意）仍要数20世纪80年代末改革时期施行的政策，然而当时恰逢全球石油价格暴跌，改革的红利完全淹没了。

虽然真正不良的治理方式和政策会毁掉一个国家最光明的前景，但也有例外情况。一个很明显的例外是，在短时期内，如果出口价格等外部的剧烈变化对本国足够有利，社会便可以不受不良治理方式和政策的影响。在某种程度上，尼日利亚在1974—1986年第一次石油繁荣期间就是如此，乌戈·查韦斯（Hugo Chávez）总统如今正在委内瑞拉重蹈这样的经历。还有一个例外情况不太明显却更为重要：治理方式和政策有着多个面向，并不是所有面向在所有环境下都十分重要。在2005年透明国际的腐败评级中，有两个国家在全球并列倒数第一：孟加拉国与乍得。毫无疑问，这两个国家都饱受治理不善之苦。令人惊讶的是，孟加拉国虽是世界上最腐败的国家，却仍然采取了相当合理的经济政策并有所增长。有一种解释是，相比于公职人员是否诚实称职，可能汇率和关税等经济政策更为重要，但我并不认同这个解释。我认为，什么重要什么不重要，取决于机遇差异。如果孟加拉国不那么腐败，它的经济表现一定会更为亮眼，可孟加拉国是一个典型的资源匮乏的低收入沿海国家。至少从20世纪80年代开始，这类国家的发展路径已经相当明晰：出口劳动密集型的产品与服务。这类发展战略对政府的要求并不是很高。即使是采用世界银行在20世纪80年代短暂推行过的"最低限度国家"的政府模式,即大规模削减政府职能,也足以使国家获得成功。政府无需什么积极举措,只要避免犯错就可以了。出口商只需要一个税收适度、宏观经济稳定的环境和便利的交通设施。而孟加拉国部分依靠出口加工区(这些出口加工区成了治理良好的孤岛),成功避免了出口活动被不良的治理方式扼杀。相比之下,拥有石油和援助的内陆国家乍得缺乏出口的机会。为了充分利用援助和石油,政府必须更有效率地使用资金。要使这一战略奏效,政府不能只是不犯错,还必须主动实行一些好的政策。在拥有石油与援助的背景下,最低限度国家并不是一个可行的模式;政府必须使用其资金投资公共服务。有了这些机遇之后,腐败是否会阻碍发展呢?答案是肯定的。在2004年,一项调查追踪了乍得财政部发放给农村医疗诊所的资金的去向。这项调查的目的很简单,只是要了解有多少钱真正发放到了诊所手中,没有考虑诊所的资金使用是否得当,也没有考虑诊所的工作人员是否称职,只关心钱的去向。令人瞠目结舌的是,诊所只拿到了不到1%的资金,剩下99%的资金皆未流向诊所。治理不善在乍得比在孟加拉国的影响更要紧,因为乍得的唯一选择是由政府提供服务,而腐败却把这条路堵死了。

所以,治理方式和政策都很重要,不过这取决于是否存在发展机遇。我们如何判断治理方式和政策是否足够好?这种评价往往是主观的,因此可能会引起争议。法国的治理方式是否比美国差?瑞典的经济政策是否比英国好?不过,如果讨论的对象是最底层的10亿人,争议就会大大减少:没有人认为安

第五章 小国的不良治理

哥拉治理得比印度好,乍得的经济政策比中国的好。

不良的治理方式和政策不一定就构成陷阱:社会可以从失败中获得教训,许多国家都有这样的经验。现代最戏剧的相关经历发生在中国。20世纪六七十年代,中国经济遭遇挫折。之后,中国彻底转变了过去的政策,创造了历史上规模最大的经济成功。印度部分受到了中国的鼓舞,也紧随其后。为什么中国和印度等许多国家都改变了政策,一些国家却仍然止步不前呢?为什么在某些环境下,不良的治理方式如此顽固难改呢?

一个明显的原因是,并不是每个人都会因为治理方式不良而受到损失。许多世界上最贫困国家的领导人在全球富豪榜名列前茅。他们乐于维持现状,让公民不受教育、蒙昧无知,有利于他们自身。不幸的是,在最底层那10亿人的国家,许多政客与高级公职人员本身就是恶棍。但是,维持现状、顽固不化不仅仅是因为自私自利。许多政客和官员都是品行正直之士,有时候他们在逆境中会占据上风,这便是改革的良机。但是,经济改革不仅仅关乎政治意愿。它也是一个技术性的问题,而且在最底层的10亿人当中,长期缺乏拥有必要知识的人。只有很少数的公民受到了必要的培训,而这些人又选择了离开。很多时候,勇敢的改革者还没等到一项政策完成,便被反对势力打倒。最后,民众对经济改革并没有多大的热情,因为"经济改革"这个词的名声已经不好了。在20世纪80年代,国际金融机构试图通过交换条件迫使政府进行改革——只有政府同意改变一些经济政策,才可以获得额外援助。没有人喜欢被胁迫,尤其是那些对主权敏感、看到自己的"摇钱树"受到威胁的当地权力新贵。条件变成了一纸空文:政府发现自己只需要承诺改革,而不需要付诸行动。与此同时,西方左翼陷入了同美国总统罗纳德·里根(Ronald Reagan)和英国首相玛格丽特·撒切尔(Margaret Thatcher)的内斗,他们反对新自由主义对国家政府的猛烈抨击,却把这种反对立场和对最底层的10亿人国家进行有限政治改革的要求搅在了一起。改革本应该受到除腐败利益集团外所有人的欢迎,结果现在却成了非洲内外媒体眼中共同的毒瘤。在最底层的10亿人中,英雄和恶棍的大决战被扭曲成了非洲和国际货币基金组织之间的斗争。

对于一个治理方式和政策都很不良的国家而言,当它开始改革时,是什么在决定这一改革的步伐?更确切地说,是什么在决定从权力斗争中获胜的是英雄还是恶棍?我与年轻的法国研究者莉萨·肖韦(Lisa Chauvet)进行了一项统计分析,将治理方式和政策等杂乱无形的独立存在归纳简化为数值评分。我们使用了一项指数,名叫"国家政策与制度评估"(Country Policy and Institutional Assessment),是世界银行研究出来的。我们开展这项工作的时候,这项指数还未公开,但世界银行想了解都有哪些因素可以促进转型,所以向我们提供了这项数据(世界银行董事会后来决定从2006年开始公开该数据)。这项指数有许多重要的优点:它提供了长时段的数据,而且试图在各国之间进行比较。它也存在主观性,这是它的缺点,但由于客观的定量研究方法也只能提供走马观花式的了解,所以没有其他切实可行的选择。就我们的目的而言,它的主要缺点是可由评级人员操控：较高的评级可以吸引更多的贷款项目，因而相关工作人员可以借此牟利。虽然在理论上和实践中，可以监督这种操控行为的发生，但它却不大可能完全被消除。

这项评分系统评价了治理方式和政策的 20 个方面，满分是 6 分。我们设定了一个较低的基准线，以界定哪些国家的治理和政策真的很糟糕。我认为，专业人士几乎不会对"低于基准线分数的国家的治理和政策确实很糟"这一点有太大的分歧。必定会导致分歧的地方在于，有些国家不在基准线分数之下，但它们同样存在严重的问题。例如，尽管孟加拉国存在高度腐败，但从这一标准来看，它的经济政策评分总体上远远高于基准线。可孟加拉国不是一直都这样：它以前的政策和治理结构真的很糟糕，只是后来慢慢从中走了出来，虽然依旧很穷，但好在不会阻碍自身的增长。

由于缺乏一个更好的术语，我把那些治理和经济政策评分低于基准线的国家统称为"失败国家"。我一般不喜欢使用这类情绪化的流行术语，但在这里，我认为这种表达有一定的合理性。这些国家在两个层面上是失败的。最直接的一个是，这些国家辜负了人民的期许。在低收入世界，大部分地区的人生活的国家都处在快速增长之中，但这些"失败国家"则停滞不前。更成问题的是，我们已在第二章提到，经济增长失败的低收入国家正处于危险之中。

准确定义"失败国家"是项棘手的任务。并不是所有在基准线以下的低收入国家都是"失败国家"。对一些国家来说，只要较快调整相应的政策，崩溃程度便可以迅速下降。这种暂时的崩溃不是我们的兴趣所在。如果一个国家只是刚刚放弃了合理的政策，那么与长期受困于不良政策的国家相比，它调整起政策来要容易得多。事实上，我们在数据中观察到的暂时崩溃，有时只是因为评估出了问题，它有可能很快便会逆转。因此，我们将连续四年保持较低评分水平的国家算作"失败国家"。

以这样的标准进行评估可以得到一份名单，借此我们就可以知道每一年有哪些国家可被归为"失败国家"。为了让你明白这份名单的实际意义，我们在这里罗列近年的一部分"失败国家"：安哥拉、中非共和国、海地、利比里亚、苏丹、所罗门群岛、索马里和津巴布韦。对这些国家的评估肯定很难反驳。刚果民主共和国则徘徊在基准线附近，以此为参照，你应该会明白，这个基准线划得确实非常低。根据这一标准，在最底层的 10 亿人中，有超过四分之三的人生活的国家一度属于"失败国家"。

失败国家能实现自我转型吗？

启动国家转型需要勇气。我测量不了勇气的大小，所以它不会被我纳入分析中，但在变革社会的背后，总是有一些决心尝试做出改变的人。成功的社会转型不常见，但这并不意味着社会就缺乏勇气。我记得一个勇敢的人，他告诉马拉维的独裁者海斯廷斯·班达（Hastings Banda）总统，他的政策正在失败。这个人也叫班达，不过与总统没有关系，他经营着一家如同国中之国的公司——报业控股公司。他告诉总统，这家公司正在走向毁灭。这一证据是劝说总统改变政策的第一步。考虑到班达过去的所作所为，这么做存在巨大的风险：总统当然不傻，但他讨厌有人反对他。如果他不愿面对事实，这个国家就会直接走向危机，但把事实摆在他面前或许会适得其反。这是一个需要勇气的时刻，于是便出现了勇气的人。当总统的班达没有枪毙仗义执言的班达，而是把这个勇敢的人关进了监狱。勇气为这个人换来了12年的牢狱生活。社会转型之所以罕见，便是因为改革者往往会被镇压，有时还会为改革努力付出高昂的代价。在接下来以统计学证据为基础的持续研究中，我们会尽量不忽视实际的改革探索中涉及的东西。

如果要从统计学上研究转型，我们就必须对转型进行界定。当然，最简单的办法是以"失败国家"的反面为标准，但这样的标准很容易导致荒谬的结论。当一个评分长期在基准线以下的国家跑到了基准线以上时，我们并不会就认定它在转型。鉴于评分存在主观性，这类小的改善可能完全是假象，即便是真的，也很难构成一个重大事件。因此，我们只关注巨大的、确凿明显的转型，无论这些转型是在多长的时间里实现的。孟加拉国是一个逐步实现转型的例子：这里没有值得特别注意的戏剧性"事件"发生，但在四分之一个世纪里，孟加拉国的不良政策和一些制度实现了适当的改善（尽管前文已经提到，它的治理状况仍然不好）。

然而，仅有巨大的改善是不够的，它还必须是持续的改善。我们将"持续"定义为至少五年。如果我们把改善的持续时间标准定得太长，那么像印度尼西亚这样的国家就会被排除在外。

印度尼西亚的改善始于1967年，一直持续到与1998年亚洲金融危机相伴而来的经济崩溃。在我们看来，把这种崩溃归咎于最初改革的失败是不合理的。

在确定"失败国家"的转型标准之后，我们就可以研究出现转型的原因了。我们首先研究了转型的先决条件，然后试图找出是什么决定了转型一旦开始，就能持续地推进下去，使一个国家彻底甩掉"失败国家"的帽子。

转型的先决条件

严格来说，确定转型的先决条件与确定内战的先决条件有些许相似。我们逐年估计了所有潜在的转型国家发生转型的可能性，并在众多潜在的特质中寻找关键的特质。有些出乎我们意料的是，我们只找到了三个决定转型是否会发生的重要特质。对于一个失败国家而言，人口越多，受过中等教育的人口比例越大，以及如果刚刚摆脱内战（这一点最令人惊讶），那么这个国家就越有可能实现持续转型。在众多的特质当中，民主和政治权利似乎并不重要。让我们再来慢慢看一下那份清单。民主对政策转型似乎没有帮助。这一事实让人极度失望，不仅对于民主的拥护者而言是如此，还因为民主在最底层那10亿人的国家比过去更加普遍。而人口多、受中等教育的国民比例高，都有助于转型的成功。这些因素很可能指向同一件事情：国家需要足够多的受教育人口，以便制定与实施改革计划。变革的动力必须来自社会内部，来自那些英雄。他们成功的机会取决于周围人的能力。例如,朱利叶斯·尼雷尔(Julius Nyerere)治下的坦桑尼亚就失败了。但后来,坦桑尼亚出现了一些有能力、有勇气的人推动改革,最终取得了成功。但是在20世纪80年代,这样的改革者寥寥无几,而且还遭到西方马克思主义者的反对,坦桑尼亚政府在这些西马人士的吹捧下扬扬自得起来(我记得有一位改革者说:"如果那些西马人士认为这里这么美好,为什么不来这里生活?")。

我们还得出了一个看起来很奇怪的结论:改革更有可能发生在内战结束之后。实际上,这没什么奇怪的。尽管一个国家刚刚结束冲突时,治理状况和政策通常都不好,但在接下来的第一个十年里往往能看到实质的改善。旧有利益集团的地位遭到动摇,政局因而变得异常不稳定,所以相对来说比较容易发生改变。我会在第四部分讨论外部干预措施的时候再来谈谈这个问题。

现在我们说说让人不太开心的结论。总的来说,我们发现,不论在任何年份,开启持续转型的概率都非常低:只有1.6%。因此,这些国家很可能长期处于失败的状态。由每年开启转型的概率,我们可以算出转型的期望值,即摆脱失败国家状态所需的平均时长。计算的结果是59年。

初始转型

我们还关注了改革的早期阶段,研究是什么因素决定了改革的势头可以持续下去。改革可能会一直持续下去,让国家彻

72 底地摆脱陷阱,也有可能崩溃,让国家恢复到最初的状态。或者,国家可能只是停滞不前,年复一年停留在困境之中。我们首先面临的问题是,如何界定"初始转型"?最终我们研究了两种不同情况:一种是转型已经开始却没有深入进行,另一种是新的总统刚刚走马上任。虽然"是什么因素使得刚刚开始的转型得以持续"与"是什么让转型得以发生"听起来几乎是同一个问题,但严格来说,研究这两个问题需要完全不同的方法。转型怎样才能持续下去,这个问题关注的是随着时间的流逝会发生什么事情,而对先决条件的研究则可以简化为对转型前后的研究。

那么我们有什么发现呢?在这里,我要区分起作用的外部干预(这是我要在第四部分讨论的)和这些干预起作用所需的特质。在这些特质中,有六个可能十分重要。如果一个国家收入水平较高、人口规模较大、受教育的国民比例较高,那么初始改革更有可能发展为持续的转型。而如果领导人在位时间较长,国家的贸易条件发生了有利的变化,国家刚刚摆脱了内战,如果有这些因素存在,改革取得持续进展便不那么容易了。

转型所需的先决条件和持续转型所需的条件既有惊人的相似之处,也有一个明显的不同。相似之处在于:如果国家人口众多、受教育人口更多,就更容易开启转型,且转型一旦开启,也更有可能走向成功,可谓双倍的福气。而明显的不同之处在于冲突后的走向。冲突后国家更有可能开启持续的转型,但任何初始改革都不太可能持续下去。但这两个看似矛盾的研究结果怎么可能并列成立?我认为,这告诉我们,冲突后的局势是

第五章 小国的不良治理

高度不稳定的。相比于其他失败国家，冲突后的国家更有可能开启某些形式的改革，但是许多这类的初始改革都会走向失败，因为进行任何持续的改革都非常困难。这表明，冲突后的国家与其他失败国家有着截然不同的情形。刚才说了，一个失败国家如果要完成彻底变革，预计要花费的时间是59年。失败国家往往会陷在困境之中，因为不良的政策和治理方式往往顽固不化，很难改变。然而，冲突后国家的情况则很不一样：它们是失败国家，但是发生变革相对容易。这表明，我们在采用干预政策帮助失败国家的时候，需要区分不同的类型，把冲突后国家的情况当作重要的机遇。我会在第四部分进一步展开讨论。

忽视的代价：为什么这对八国集团的政策很重要

典型的失败国家会长久地陷在失败当中。这很重要吗？失败国家这个话题非常流行，因为人们有一种不安的感觉——它可能真的很重要。在"9·11"事件之后，美国的援助预算增加了50%，它这么做的主要动力在于它认识到了需要帮助失败国家走出困境。讽刺的是，你会在第四部分看到，援助恰恰无法实现这个目的。那么，我们能否不只是把失败国家当作一个问题？我们能否真正量化失败给一个国家带来的损失？

我在前文已经从政策和治理的角度来定义过何为失败国家。失败国家的核心损失就在于这些政策和治理失败给它们及其邻国带来的影响。莉萨·肖维和我决定估算这些损失的下限，我们不考虑许多国家的失败导致的后果，尽管这些后果本身理应得到关注。例如，我们没有考虑内战风险升高所暗含的安全成本，以及可避免的婴儿高夭折率所带来的人口损失。为了让大家了解我们撇开了多少因素，我在第二章提过一个数字，我估计一场地区内的内战造成的损失通常是约640亿美元。为了避免重复计算这些陷阱造成的损失，在这里我将计算一个处于和平状态的失败国家的损失。

如果要估计一个失败国家在经济上的损失，需要另一套方法。估算这些需要时间，而且我们的压力越来越大，因为我们工作的经费来自一个财团捐助方的资助。同许多政界人士一样，他们委托我们进行研究是为了得到答案，所以希望尽快获得成果。政策界对学术界充满了深深的怀疑。他们的怀疑通常也有道理——这类工作需要很长的时间才可以获得"进展"，得到可用的结论。而且，这类工作充满风险，因为有时候得到的数据并不足以回答他们提出的问题，整个项目的努力就这么白费了。这一次还算幸运，我们出乎意料地得到了可靠的结论。

失败国家遭受的损失逐年增加。它的经济增长率会迅速降低，实际上，其经济增长可能处于绝对衰退的状态。而且，其邻国的增长也会迅速下降。由于失败国家需要很长一段时间来扭转局面，这些损失会一直持续到未来。经济学家一般会将未来损失的资金转换为一个单一数字，他们称之为"折现值"（present discounted value, PDV）。据我们估计，对自身和邻国而言，一个失败的国家在整个失败时期蒙受的损失大约是1,000亿美元。这还是对一个有价值的持续转型社会进行估算后得出的下限。这着实是一个令人惊奇的天文数字，但我们研

第五章 小国的不良治理

究的现象确实很不一般：如果这个世界上的失败国家都消失了，整个世界就会焕然一新。这个数字看起来荒谬吗？我认为有充分的理由认为这个数字太低了，因为它只考虑了一国本身及其邻国所遭受的损失。

要推断富裕国家如何重视转型，可以看一看伊拉克的情况。美国领导的对伊拉克的军事干预提供了难得的机会，我们可以借助这个机会计算出一个关键国际行动者认为某个国家的持续转型会给自身带来什么样的利益。美国干预伊拉克的目的非常明确，就是改变这个国家的政权。伊拉克是一个典型的失败国家，治理失败但政权稳固，因此可以合理地认为，国家失败可能会付出非常持久的代价。美国对伊拉克的军事干预已经花费了大约3,500亿美元，让我们来看看最初的估计是什么样的。在战争开始之前，至少有超过1,000亿美元的成本是可以被轻易预测的。干预伊拉克的决定意味着干预的预期收益超过了预期的成本。此外，为促进转型所进行的干预的预期收益取决于转型的价值，但转型失败的预期概率必然会拉低这一价值。如果转型只有50%的概率取得成功，那么干预的预期价值就只有转型收益的一半。因此我们可以得知，对伊拉克的干预，其预期价值一定超过了干预的预期成本，所以估算的干预的预期价值一定超过了1,000亿美元。如果布什政府忽视了新伊拉克政权可能又变回失败国家，对成功转型的估计价值就会明显高于军事干涉的成本。显然，美国主导的对伊拉克的干预在许多方面看来是不正常的；随着成本的不断上升，它似乎越来越像是一个错误决定。但是，我并不是要对干预伊拉克进行成本效益分析,更不是考虑其更广泛的政治背景。我是想说,一个国家的成功转型对国际社会有着非常大的价值。

所以,如果你支持伊拉克战争,你就不得不同意,推动一个失败国家转型意味着巨大的利益。反之则不然。如果你反对伊拉克战争,这很可能并不意味着你不重视失败国家的转型。更有可能的是,你在担心这场你认为可疑的军事干预的实际成本。我在这里提出一个问题:如果伊拉克人自己将萨达姆·侯赛因赶下台,并换上一个稳定的替代者,这样做的价值有多大?

在第四部分,我将讨论如何使用非军事手段扭转失败国家的局面——主要通过支持当地势力来介入失败国家的转型。通常来说,明智的外部支持可以提高发生转型的机会,但是任何改革努力都有可能遭遇失败。有一种思路是,我们可以缩短失败国家处于困境的时间。这些干预措施需要花钱。花这些钱是否值得,取决于它们能在多大程度上提高维持转型的机会,以及成功转型的价值有多大。如果扭转一个失败国家的命运像我估计的那样有价值——对伊拉克这个地区来讲,这个价值是1,000亿美元,对其他地区来说这个价值可能还会更高——那么,即便转型的概率只是略微增加,也是值得的。我后面会谈到,我和莉萨发现了一种非军事干预策略,即使成功转型只会带来70亿美元的收益,也值得去尝试。换句话说,我们认为我们找到了一种事半功倍的方式来促进转型的发生,尽管世界上还没有人大规模地这样做。

第三篇

中场：全球化能拯救他们吗？

第六章
在迷失方向的船上：
被全球经济边缘化的最底层10亿人

所有生活在最底层那10亿人的国家中的人们都曾经陷入过我在前四章中展开讨论过的各种陷阱。其中有73%的人口经历过内战，29%的人口生活在自然资源收入主导政治的国家，30%的人口生活在资源匮乏、周边环境恶劣的内陆国家，76%的人口曾经历过长期的治理不善和不良的经济政策。将这些数字放在一起，你会发现，有些国家陷入了不止一个陷阱之中，或者同时陷入，或者相继跌入。

但是，当我讲到陷阱时，我只是借用了陷阱的形象。陷入这些陷阱存在着一定的概率；与黑洞不同，陷入这些陷阱后并不是没有可能逃出来，只是十分困难。就拿治理不善与不良政策的陷阱来说，我之前估计过，被不良政策困住的时间是将近60年。之所以是这个数字，是因为每年逃离陷阱的概率很小（不到2%）。但是，概率虽小，却确实意味着，每隔一段时间，总有一些国家可以逃离陷阱。所有陷阱都是如此：和平得以维持（就如同安哥拉目前的状况），自然资源几近耗竭（石油储备几乎耗尽的喀麦隆），改革者成功改变了治理方式和政策（尼日利亚正在发生这样的事）。而这样的改革对内陆国家同样影响深远：随着尼日利亚开始转型，尼日尔虽然深处内陆，但拥有了更好的周边环境。本章的重点便是讨论在脱困后会发生什么。

你可能会认为，如果一个国家从陷阱之中逃脱，那么它就可以立刻迎头赶上——经济开始增长，并且速度惊人。这种追赶在专业术语中叫作"趋同"（convergence）。欧盟是研究趋同的最佳案例。欧盟成立后，起初最贫困的成员国，如葡萄牙、爱尔兰和西班牙，经济增长的速度最快，而起初最富有的国家，比如德国，增长则变得缓慢。这使组成欧盟的国家的经济水平逐渐趋同。这也部分解释了为何相对贫困的国家，比如波兰等东欧国家，更热衷于加入欧盟，而比欧盟国家更富裕的国家，比如挪威和瑞士，却决定不加入欧盟。放眼全球，也可以看到趋同效应在发挥作用：低收入国家总体上比发达国家的增长速度快。可是，最底层的10亿人却是逆趋同的趋势而行，这个难题我在本书开头就提出了。目前我可以给出的解释是，这些国家已经被四个陷阱中的某一个困住了。

摆脱了这些陷阱的国家是否会沿着大多数成功发展中国家开辟的道路前进，是否会加入趋同的大潮？全球化点燃了人们的激情：有人认为它很美好，有人认为它很可怕。在我看来，可悲的现实是，尽管全球化推动了绝大多数发展中国家走向繁荣，但也让后进者的处境变得更加艰难。本章就是想要解释为什么最底层那10亿人的国家会错失良机。

什么是全球化？全球化在三个方面影响着发展中国家的经济：第一是货物贸易，第二是资本流动，第三是人口迁移。全球化的这三个方面是很不相同的，这导致经济是否变得更加全球化，取决于我们站在哪个观察角度上。从资本流动和人口迁移的角度来看，发展中国家在一个世纪前的全球化程度要比现在的全球化程度更深。只有货物贸易才在最近几年发展到了前所未有的水平。而贸易全球化并非一个持续不断的过程。在1914—1945年，战争和贸易保护主义曾导致世界贸易体系崩溃。人们常说全球化的进程势不可当，但两次大战间的岁月不免让我们对这样的论断产生怀疑：讨厌全球化的人对1914—1945年贸易、资本和移民的收缩就有浓厚的兴趣，因为这是一种自然发生的实验。不过，这个实验很可怕：全球化的趋势虽然可能逆转，但根据我们做的实验得出的结论，它会导致的结果可并不怎么讨人喜欢。

但全球化对最底层的10亿人的影响是不同的。接下来，我们依次从上述的这三个方面，研究全球化是如何影响最底层的10亿人的。

贸易与最底层的10亿人

国际贸易至今已有数千年的历史。然而，贸易在结构与规模方面最为显著的变化却是发生在过去的25年间。发展中国家在历史上第一次打入了货物与服务的国际市场，不再局限于初级产品市场。在1980年以前，发展中国家扮演的主要角色依然是原材料出口者。而现在，80%的发展中国家出口的都是制成品，同时服务业产品的出口量也在激增。制造初级产品基本都需要利用土地，而出口初级产品可以为拥有土地的人创造利润。有的土地为佃农所有，但普遍而言，主要的受益者还是矿产公司与大地主。因此，基于初级产品出口的贸易很容易造成严重的收入不平等。而且，出口规模本身会受到市场规模的限制：随着出口的增长，价格会变得对出口者不利。相比之下，制造业与服务业拥有更公平、更快速的发展前景。这两大板块更依赖劳动力而不是土地。出口的机遇可以提升市场对劳动力的需求。由于发展中国家的标志性特征便是拥有着大量闲置劳动力，这类出口可能让发展的红利惠及更多人。由于制造业与服务业的市场巨大，而且一开始处在富裕国家的主导下，因而发展中国家在该市场上就具备十分可观的扩展空间。

然而，先别忙着为发展中国家的贸易转型而高兴，我们得想一下这个问题：为何转型花了这么久的时间？在20世纪60年代与70年代，主导全球制造业的是富裕国家，尽管其工人工资是发展中国家工人的约40倍。为什么这样巨大的薪资差距没能给发展中国家带来竞争力呢？部分原因在于，富国对穷国施加了贸易限制措施。还有一部分原因是，穷国故步自封，自己给自己制定了贸易限制措施，使得面向更有竞争力的市场的出口贸易变得无利可图。然而，贸易限制只是薪资差距长期存在的部分原因。更为重要的是，富国可以通过制造业的规模经济效应，摆脱巨大工资差异的影响。也就是说，制造业企业

第六章 在迷失方向的船上：被全球经济边缘化的最底层10亿人

聚集到同一地点从事生产，往往会让制造成本降低。例如，如果这个地方有许多企业都在干你的企业所做的事，你就不愁找不到技能熟练的工人。而且接着还会有许多公司提供服务与投资，帮助你的公司更有效率地运作。这个时候，如果你把公司搬迁到一个没有同行企业的地方，这些成本就会大大增加，哪怕那里的劳动力便宜得多。

在经济学领域，这种现象被称为"聚集经济效应"（economies of agglomeration）。这是保罗·克鲁格曼与托尼·维纳布尔斯的理论关键。他们提出了一个问题：如果工资差距扩大到足以抵消规模经济所带来的优势，会发生什么。想象一下，你自己的公司第一个成功克服了薪资差距——也就是说，你把公司从高薪地区搬迁到了低薪地区。一开始，你没有盈利，只是勉强能让生意回本——如果给公司搬家就能一夜暴富，那其他公司早就这么干了。你是第一家搬迁到这个低薪地区的企业，你没有破产，得以勉强度日，这样的处境是很孤独的；那里不存在多个公司形成的聚集经济效应，但是你的公司坚持了下来。现在，关键的问题来了。如果有另一家公司也在考虑搬过来，它面临着怎样的前景？对于第二家公司来讲，情况比第一家公司要好一些，因为这里已经有了一家公司。于是第二家公司搬过来了。这反过来也会帮到第一家公司。两家公司会经营得更好，不再只是勉强度日。要是还有第三家公司呢？情况自然会变得更好。我想要说明的道理是，制造业会向新的地点急剧转移。这个道理听起来是不是很耳熟？——美国与欧洲的制造业就是这样转移到亚洲去的。这种变化很突然、很快，因为企业

83　一旦开始搬迁，便会在低收入的亚洲产生聚集经济效应。在这个过程之中，亚洲的薪资水平会被推高，但因为初始薪资的差距很大，且亚洲有着大量廉价劳动力，所以趋同的过程能持续很多年。我将这个现象称为企业迁移。有时候这的确是正在发生的——外包，或者是"去本地化"（delocalization），但是这没有必要，你也不需要通过禁止企业搬迁去阻止它。在低薪地区设立新的公司，与在高薪地区留下的公司相比，二者势均力敌。公司并没有必要为了工业活动而搬迁，因为企业所在地点的变化并不会影响企业的兴亡。

　　事实上，为了让产品打入全球市场，国家必须越过成本－竞争力这个门槛。如果一个国家能够越过这个门槛，便会拥有几乎无限的扩张可能性：只要第一家公司可以盈利，后续的模仿者也会有利可图。这种扩张可以创造就业机会，尤其是可以创造适合年轻人的岗位。诚然，这样的工作远远谈不上体面，但比起在小农场做辛苦与无聊的苦工、在街角游走兜售香烟，这些工作算是一种改善。随着就业机会变得更加丰富，就业人口和他们背后的家庭都可以得到一定程度的经济保障。而且，工作机会增加以后，劳动市场的竞争就会加剧，薪资水平将随之上涨。20世纪90年代末，马达加斯加就出现了这种情况。政府建立了出口加工区，并制定了足够好的政策，让企业有了足够的成本竞争力，以利用美国一项名为"非洲增长与机遇法案"（Africa Growth and Opportunity Act）的贸易安排。几乎在一夜之间，加工区的就业岗位激增，从寥寥无几增长到了30万个就业岗位。对于一个只有1,500万人口的国家来说，这是巨量的就业机会。原本，工作还可以继续增加，但是政治局势却阻碍了就业市场的发展：总统迪迪埃·拉齐拉卡（Didier Ratsiraka）海军上将在选举中失败，却拒绝下台。他指使他的亲信封锁了一个他的支持者控制的港口城市。之后的8个月里，这位知名的海军上将试图借助经济手段来教训不听话的选民，保住自己的总统职位。不出所料，出口加工区完蛋了。等到出口加工区重新开始运作时，只能提供4万个工作机会，而企业对于返回加工区也显得十分谨慎。我记得，有一家抱着不信任态度的美国服装公司，它的经理告诉我，前总统这是在破坏自己的国家。他说："如果是这样，那我们就走，去亚洲发展。"

马达加斯加是最底层那10亿人的国家之一，它在20世纪90年代差一点就打入了国际市场。那么，最底层的10亿人的国家普遍是什么样子？欧洲与美国产业转移初期，因为各种各样的原因，企业没有将最底层那10亿人所在的低收入国家作为搬迁的目的地。这对它们在全球化意义上的趋同造成了什么影响？在我看来，曾经有这样一个时刻，大约是20世纪80年代，当时工资的差距很大，任何低薪酬的发展中国家只要不陷入任何一个陷阱，就可以打入全球市场。在20世纪90年代，这种机遇变少了，因为亚洲正在建立制造业和服务业的聚集区。这些聚集区结合了低薪酬与规模经济，拥有无与伦比的竞争力。无论是富裕的国家，还是最底层那10亿人的国家，都无法与之竞争。富裕的国家没有廉价劳动力，而在最底层那10亿人的社会，劳动力很便宜，但没有聚集起来。它们错过了这个大好时机。

我决定试着用经验来检验一下这个理论。这一次，我的合作研究者是史蒂夫·奥康奈尔。他从前和我一起研究过内陆国家的问题。我们关心的问题是，最底层那10亿人的国家是否在20世纪80年代自己把出口多样化的机遇断送了。

到目前为止，我们关注的只有非洲本身，不包括非洲以外的地区。这是因为史蒂夫和我是在一个非洲研究的圈子——非洲经济研究联合会里开展这项工作的。我希望非洲的情况，也能描述最底层的10亿人之中不在非洲的那部分人的处境。总的来说，我发现"非洲效应"并不存在。非洲之所以往往看起来与众不同，是因为最底层那10亿人的国家的特征就是非洲的主要特征。然而，这是一个经验性的问题，我的看法并不一定就是对的。

首先，我们要记住非洲的内陆国家与资源丰富的国家占比很高。因为各种原因，这两类国家可能无法实现出口多样化。在其他发展中国家当中，内陆国家与资源丰富的国家所拥有的人口加起来只占这些发展中国家总人口的12%。而在非洲，这两类国家所拥有的人口占到了三分之二。因此，在20世纪80年代，就算是非洲沿海所有的资源匮乏国家能打入全球市场，该地区三分之二的人口仍然会被排除在外。但是，沿海的资源匮乏国家真的能打入多元化全球市场吗？这正是这些国家断送自身前途的地方。我和史蒂夫采用了我们一群人设计的分类法，描述这些国家治理与政策的弱点：我们认为它们是第五章所说的那种失败国家。20世纪80年代，在非洲沿海的资源匮乏国家之中，只有4%人口生活的国家不存在这些治理和政策弱点。

更确切地说，就只有毛里求斯这一个国家。因此，如果你拥有一家公司，想在20世纪80年代搬迁到一个拥有廉价劳动力的国家，你可能会选择毛里求斯，事实上许多公司确实选择了毛里求斯。你是不大可能选择其他非洲国家的。

但是，假如治理与政策变得更好，那些公司就会选择非洲吗？这类"假如"问题很难回答。为此，我和史蒂夫考察了那些非洲沿海的资源匮乏国家摆脱了失败国家的命运之后，出口产品的种类是否变得更加多元了。我们发现，国家摆脱了失败的治理方式与政策之后，出口多样化的水平会显著提高。国家不再作茧自缚，得以打入全新的出口市场，这是令人鼓舞的。这表明，虽然非洲沿海国家在20世纪80年代确实是自己错失了机遇，但它们仍有可能在以后打入全球市场。然而现在看来，比起亚洲确立市场地位之前的时代，在今天打入市场可能变得更困难了。

如果之前那些国家真的错过了顺风车，那真的是令人感到遗憾。首先，这意味着最底层那10亿人国家的政府推动改革、实现和平、为了挣脱陷阱而付出努力的动力会大打折扣。勇敢的人击败了集结起来反对他们的强大利益集团，成功实行了改革，结果却竹篮打水一场空。改革如果没有带来经济上的成功，人们的反应可能是大失所望。所有的既得利益集团都会竭力扼杀改革的尝试。另一种反应可能是庸医开药方：人们很可能变为民粹主义的牺牲品。最令人担忧的反应是人们认为他们的社会有内在缺陷。在非洲等地，最底层那10亿人的国家经济长年萎靡不振，社会信心遭到沉重打击。人们觉得失败会一直持续下去,因而压力剧增,导致精英人才纷纷出走。

我会在第四部分指出,这种暗淡的前景并不是不可避免的。我们可以为此做一些事情:我们要认真地支持正在最底层那10亿人的国家中进行斗争的英雄们。但是,我们现在需要让世界维持现状,看看它会如何演变。什么时候机会可以再次到来?也就是说,最底层那10亿人的国家什么时候可以真正进入全球市场?全球经济内生的发展进程最终会再次带来机遇。但是,最底层那10亿人的国家还要等待很久,直到亚洲与它们的薪资差距类似于1980年前后亚洲与富裕世界之间的水平。这并不意味着最底层那10亿人不可能取得发展,但是这样的情况的确使得最底层那10亿人的发展变得更加困难。推动亚洲发展的同样的内生进程,却会阻碍最底层那10亿人的发展。

所以随着亚洲经济集聚区域的发展,对于最底层那10亿人来说,通向出口多元化的道路会变得越发难行。这种发展带来的另一种影响是,亚洲国家越发迫切地渴求保障稳定的自然资源供应。从表面上来看,这是一个好消息;自然资源的价格一定会提高,最明显的便是石油价格,而最底层那10亿人的一些国家就是石油出口国。不过,我在第五章已经讲过,高价资源的出口有可能会阻碍改革。我在第二章还讲过,自然资源价格飙升的蔓延会增加发生冲突的风险。在第三章我曾提到,除非国家的治理状况非常好,否则开发自然资源不意味着经济增长就能走上康庄大道。在最底层那10亿人的国家之中,情况已经变得非常糟糕,因为有的投资者并不关心国家治理的问题有多重要。当津巴布韦总统罗伯特·穆加贝寻找资金摆脱他的政治决策产生的灾难性后果时,他采取了"向东看"的策略。安哥拉同样如此。当若纳斯-萨文比的争取安哥拉彻底独立全国联盟获得成功后,发达国家终于决定对安哥拉政府进行打压,试图遏制其滥用石油收入的行为。可是,安哥拉政府却从外国获得了40多亿美元的贷款,借此摆脱了困境。于是,两种因素将最底层的10亿人和自然资源出口捆绑在了一起:一是亚洲出口集聚区的阈值效应,二是亚洲对自然资源的迫切需求。

全球贸易的增长对亚洲来说再好不过了。但是不要指望贸易可以帮助最底层的10亿人。依照目前的趋势,更有可能的是,在最底层那10亿人中,会有更多国家陷入自然资源陷阱,无法通过出口的多元化走出困境。

资本流动与最底层的10亿人

最底层那10亿人的经济缺乏资本的支持。传统上讲,援助应该可以为最底层的10亿人提供他们缺乏的资金,但即便是在有援助的地方,这些援助也只是被当成公共资金,而不是私人资本。公共资本可以用于大部分社会所需要的基础设施建设,但无法用于购买工人生产所需的设备,这两种东西只能通过私人投资者出资提供。这个问题在我们的研究范围内,所以我们一个国家一个国家地测算了每个劳动力的可利用资本存量。非洲是最缺乏资本的地区,但是如果将资本分为私人与公共两部分，那么资本缺乏就会变得更加明显。在东亚这样成功的地区，私人资本是公共资本的两倍有余。相比之下，在非洲，公共资本是私人资本的两倍之多。非洲等地的最底层那10亿人的经济体真正缺乏的是私人投资。这意味着劳动力缺乏生产设备，从而导致工人缺乏生产力，收入水平低下。在最底层那10亿人的社会，劳动力需要私人资本的支持；而在原则上，全球化可以提供这种私人资本。根据基础的经济理论，在资本短缺的社会里，资本的回报率非常高，这一点会吸引私人资本的流入。

私人资本流入

全球资本主义的运作模式确实是像上面说的这样。例如，中国就在吸引大量私人资本的流入。当然，在1998年亚洲金融危机期间，外国的资金惊慌失措地撤离了，这表明短期的资金流入是一把双刃剑，有时也会让各国受到金融冲击。但是长期投资可能是有益的，发展中国家的工人可以得到工作，薪资水平会提高，转移到发展中国家公司的资本也会得到更高的回报。这种资本流动像贸易一样，通常是互惠互利的。由于政治斗争通常表现为一种零和游戏——有人获益，就有人受损，最热衷于政治的人往往不相信互惠互利。因此，他们对全球化可能会满腹狐疑。

那最底层的10亿人呢？一样，我认为全球化对这部分人的影响——资本的流动带来的影响——是不同的。最大的资本流动并没有朝向最缺乏资本的国家，资本避开了最底层的10亿人。马来西亚位居资本流入的榜首，它是一个非常成功的中等收入国家。也有私人投资大量流入最底层那10亿人的国家，但全都是用于开采自然资源——在最底层那10亿人的国家中，安哥拉位居资本流入的榜首，因为海上石油的开采给它带来了机遇。

为什么最缺乏资本的国家没能吸引更多的资本流入呢？从历史角度来看，部分原因是不良的治理与政策。显然，这并不会阻碍资本流向资源开采（安哥拉便是如此），但是这会减少对制造业、服务业以及农业等领域的自由投资。自20世纪90年代以来，在最底层那10亿人中，不少国家已经在治理与政策方面施行了重大改革。可问题在于，即使有了这样的改革，这些国家也无法吸引大量私人资本的流入。为什么？为了回答这个问题，我与目前在国际货币基金组织工作的非裔美国人凯茜·帕蒂略（Cathy Pattillo）一起展开了研究。

这个问题的答案是，在最底层那10亿人的经济体中，投资的可感知风险仍然很高。投资者的可感知风险是可以被测算的——我们可以参考《机构投资者》（*Institutional Investor*）杂志所做的一项调查，该调查对每个国家的可感知风险进行了1到100分的评分。100分意味着最大程度的安全保障，就像奶奶的存钱罐一样；而得到1分的地方只适合于像"神风特攻队"那样不要命的投资者。想要从统计学角度解释私人投资的规律，这样的风险评级是很关键的：毫不奇怪，高风险会吓退投资。

在最底层那10亿人中，处在改革中的国家所面临的问题是，风险评级需要很长的时间，才能反映出改革的成果。我在20世纪90年代初为进行改革的乌干达政府提供咨询时，第一次遇到了这个问题。政府做出了一些非常勇敢的决定，经济出现了增长，进入了一段很长时间的快速增长期。可当时，《机构投资者》给乌干达的评分只有5分（满分100分），是非洲国家中最低的。这完全不能反映政府所做的努力，因此该国需要向投资者进行形象公关。渐渐地，乌干达的评分上升了。记得在1997年，我在香港的一次会议上偶遇乌干达的经济代表团。当时，最新一期的《机构投资者》刚刚出炉，他们兴奋地冲到我的面前说，"您看到最新的评分了吗？"他们取得了全世界最重大的进步之一，评分由18分提升到了23分——但还是远远低于可能有重要投资流入的水平，这个水平大约是30—40分。为什么投资者需要如此长的时间才能对最底层那10亿人国家有所改观？有三点原因。

第一个原因很矛盾：改革力度最大的国家，治理与政策往往最坏。通常情况下，事情必须变得非常糟糕，才能激起深刻的变革。因此，改革往往始自一种真正的很坏的局面，就像乌干达一样。如果你一开始的评分是5分，你就需要相当长的时间才能让评分达到投资愿意流入的水平。

第二个原因是，通常来说，典型的最底层那10亿人的国家，经济规模一般非常小。而这必然会导致私人投资者群体对其一无所知——获取信息是需要付出高成本的，哪怕只是时间上的成本，可这种地方根本不值得付出成本。当乌干达政府着手改变国家形象的时候，这一点就表现得十分明显。乌干达上一次

第六章 在迷失方向的船上：被全球经济边缘化的最底层10亿人 121

在新闻中露面是因为伊迪·阿明（Idi Amin），这位政变领袖喜欢自我宣传，不满足于只被冠以总统的头衔，又将自己封为陆军元帅〔自封头衔的全称是，终身总统、陆军元帅阿尔·哈吉·伊迪·阿明博士阁下，维多利亚十字勋章（V.C.）、杰出服务勋章（D.S.O.）、军事十字勋章（M.C.）得主，万兽之主、海鱼之主，大英帝国在非洲特别是乌干达的征服者〕。到了20世纪90年代初，阿明已经倒台近十几年了，然而大多数潜在的投资者仍然认为乌干达的总统是他。最底层那10亿人的国家一共是58个，投资者并不会逐个了解它们，而是把它们统称为"非洲"，对它们漠不关心。这种态度与他们对中国的态度截然相反：所有跨国大公司都知道它们需要及时了解中国的发展情况。这一点甚至在统计学上有所体现：一个研究团队表明，投资者的评估系统性地夸大了最底层那10亿人的国家存在的问题。

第三个原因是，政策的改进往往相当脆弱：许多刚刚开启不久的转型转眼间便流产了。改革在政治上总是面临着重重困难，而且我们会在下一章谈到，捐助方的援助政策条件对于改革毫无帮助。就连真正想改革的政府往往也不得已地被扣上反对改革的帽子，因为捐助方希望改革一蹴而就，因而会给它们强加一些改革措施。而不想改革的政府则会时不时地接受投资，做一点小改变，然后再半途而废。这样一来，真正的改革者就始终无法将自己与假冒的改革者区分开来。因此投资者只能把他们混为一谈，说"不用联系我们，我们会去联系你"，然后却转而去了中国。

90

从根本上来说，这是一个信誉问题。由援助促成的改革，对于投资者而言是不可信的；即使没有援助，改革的风险也相当高。那么，一个真正想要改革的政府可以做些什么呢？经济学理论给了我们正确的答案，但是这个答案并不是很吸引人。政府需要发出一个令人信服的信号来表明决心，而要做到这一点，就得下功夫采取一些假冒的改革者绝不肯推行的改革措施。这样一来，用经济学的话来说，它的真实类型（true type）就会显露出来。乌干达政府实际上就是这样做的，它将那些被阿明驱逐的亚洲人的财产物归原主。在选举新总统前，乌干达政府还缩小了公务员的规模，裁减了数千人。这样的决定大幅提高了风险评级。不过，虽然这种信号策略对于改变投资者的看法来说是必要的，但它过于激烈，有可能引发政治反弹。在第四部分中，我会谈一谈如何以不那么痛苦的方式提升信誉。

私人资本流出

全球资本市场为何对最底层的10亿人关上了门？缺乏资本的流入只是原因之一。还有一个原因是，他们自己的资本流出了市场。其中多数资本是非法流出的，是通过地下途径完成的，也就是所谓的资本外逃。要想知道资本是否从最底层那10亿人的国家流出，你需要深入了解官方数字。这是一项庞大的工程，我和凯茜·帕蒂略以及安克·赫夫勒联手，三个人花了很长时间，才完成了这项研究。

假设你生活在最底层那10亿人所在的某个国家，希望去国外赚钱，那你就得筹集外汇——美元。这通常是非法的；在

第六章 在迷失方向的船上：被全球经济边缘化的最底层10亿人

大多数情况下，所有的外汇必须以官方汇率出售给中央银行，那你该怎么办呢？有各式花招可供选择，其中的一种便是伪造出口文件。比如说有一个人向美国出口了价值1,000美元的咖啡。这个人贿赂了海关办公室的几个人，所以出口单据上载明的价钱是500美元。你就可以找到这个人，让他将500美元交给中央银行，把另外的500美元卖给你，你可以将其存入国外的银行。为了找到这种行为的证据，我们检查了对不上的数字——咖啡出口商贿赂了当地海关官员，没有贿赂美国的海关官员，所以只要顺着这宗交易的另一端去查美国的文件，就能发现它如实地记录着美国进口了价值1,000美元的咖啡。通过比较出口数字与进口数字的差异，并且利用其他资料之中的出入，我们可以逐渐掌握每个国家每一年资本外逃的状况。例如，我们发现，1998年尼日利亚军政府统治结束的时候，尼日利亚人在国外持有约1,000亿美元的资本。我在阿布贾（Abuja）举行的尼日利亚中央银行年度会议上报告了这件事情，结果在报纸上引起了轰动。

我们随后逐年估算了每个国家拥有的私人财富的价值。这听上去很困难，但是你可以用所谓的"永续盘存法"（Perpetual inventory）依靠私人投资的数据来计算。最后，我们把以资本外逃形式存在的私人财富与国内持有的私人财富加在一起，估算海外持有的私人财富在所有私人财富中所占的比例是多少。这样计算得到的结果，迅速成了关于非洲最有名的数字之一：到1990年为止，非洲38%的私人财富在国外。这个比例比其他任何地区都高，甚至远高于中东地区。中东地区的石油与沙漠让人们倾向于在海外投资，这一点毫不奇怪。非洲的确融入了全球的金融经济，但是方向错了：世界资本最稀缺的地区却在向世界输出资本。（根据我得出38%这个数字的方法可以推测，我们使用的估算技术并不精确。然而我们可以肯定地说，非洲资本外逃的规模很大，但究竟有多大，我们并不知道。）

所以，非洲人在用他们的钱包投票，把他们的钱带出这个地区。是什么原因导致了大规模的资本外逃？如果你去问非洲人，他们会告诉你是因为腐败。当权者掠夺公共资金，并将其安全地转移到国外。这是一部分原因，但不是整个问题的核心。例如，印度尼西亚的腐败曾经名列世界前茅。苏哈托总统将我们美其名曰"亚洲家庭价值观"的家长式慷慨发挥得淋漓尽致。然而他贪腐得来的大部分财产却留在了国内。无论是透过腐败得来的钱，还是诚实经营赚来的钱，大部分都被非洲人带出了国内，因为非洲的投资机会太少。投资机遇之所以这么少，一个原因就在于这些国家都陷入了这样或者那样的陷阱。资本外逃是对这些陷阱的一种反应。用复杂的经济学专业术语来说，资本外逃是一种"投资组合选择"：哪里能保证资产获得合理与安全的回报，人们就会把自己的资产放在哪里。我们是怎么知道的？我们从统计学的角度来解释这种投资组合选择。例如，为什么在1980年，印度尼西亚人将几乎所有的财富都放在国内，而在1986年，乌干达人却将三分之二的财富放在海外？我们尝试了各种各样的解释方式，比如从腐败或者资本回报等角度。我们发现，这些国家的人之所以不愿意在国内投资，除了陷阱会压低资本回报率的问题之外，还因为他们也会参考像《机构投资者》的评级等信息，认为在国内投资会有较高的风险。所以，信誉问题不仅吓跑了外国人，也吓跑了国内投资者。

因此，尽管长期缺乏私人资本，但是最底层那10亿人的国家却在以资本外逃而非资本流入的方式融入全球经济。造成资本流失的部分原因就在于政治动荡与政策环境恶劣的陷阱，它使得这些国家不适合投资。但即使这些国家成功摆脱了这些问题，仍然会被先入为主地视为风险地区，投资者会担心这些国家开倒车，因而拒绝向其投资。因此，不要因为最底层那10亿人的国家缺乏资本投入，就指望可以通过全球资本的流动来推动当地的发展。事实完全相反，资本流动更有可能让它们在这些陷阱里越陷越深。

移民与最底层的10亿人

最底层的10亿人不仅通过资本的外逃融入世界经济，也日益在通过移民融入世界。人们不仅在用他们的钱包投票，也在用脚投票。在历史上，移民曾是推动世界走向平等的重要力量。19世纪，从欧洲到北美的大规模的人口流动比贸易与资本的流动更能提高与平衡收入水平。而在最近几年，对一些发展中国家来说，移民不失为一件好事情。例如，在美国的印度移民可能对印度突入全球电子服务市场起到了关键的作用。考虑到最底层那10亿人所在的国家前景堪忧，移民为他们提供了一个安全通道；我在第四章说过，尼日尔等国家就采取了这种战略。但是，对于最底层的10亿人来说，更普遍的情况又是什么样的呢？

在研究了资本外逃之后，我、凯茜和安克决定使用类似的方法研究移民。我们将受过教育的与未受教育的人群分开研究。你只要稍微动动脑筋，就能认识到教育是财富的一种形式：用一种很丑陋的经济学表述来说，受过教育的人是"人力资本"，之所以给他们冠以这样的标签，是因为他们掌握着有价值的技能。我们想知道，发展中国家受教育人口的移民行为，看起来更像未受教育的人口的范式，还是与资本的组合选择更为相像？我必须得说，我更希望受过教育的人更像是具体的人，而不是"投资组合"。人类所拥有的无数共同价值，远远超过了受教育的人与各种投资组合所拥有的共同价值。但现实并不是这样。受过教育的人做出移民的决定，很像投资组合所做出的资产配置决定，完全不像未受过教育的人的移民决定。他们在国内的收入与在国外的收入差距越大，就越有可能移民。

这对最底层的10亿人意味着什么？这表明，在这些国家里，受教育群体的流失速度远远大于未受教育的群体。移民需要时间的积累，但是这个过程会加速。原因非常简单：如果有家庭成员已经完成了移民，那么其他家庭成员的移民会变得更加容易。我们的分析显示，最底层那10亿人的资本外流只是这些人全球一体化的第一阶段。第二阶段将是受教育者的外流。索马里在失败状态下原地踏步，其他地区却在不断发展，更多的索马里人就会选择离开，因为他们可以选择更多可以去的地

第六章 在迷失方向的船上：被全球经济边缘化的最底层10亿人

方。但是向外迁移的过程是有选择性的：最聪明的与最优秀的人将从移民中获得最大的利益。他们也是最有可能在东道国受到欢迎的人。普通的索马里人就没那么大的动力离开了，因为他们缺乏找工作所需的技能，甚至会变得越发不受欢迎，因此更难离开索马里。那些离开的人不会再回来，而他们的下一代人将四散各处，于是这些移民家庭向国内的汇款就会逐渐减少。移居国外对离开的人当然是好事，但对本地却很不利；如果移居国外的都是受过教育的人，就尤其不利了。然而，我们预测到的正是这样：最底层的国家流失大量资本之后，受教育的劳动力就会流失得越来越严重。我的朋友拉马·桑贝特（Lemma Sembet）就是其中之一。他是埃塞俄比亚人，是美国著名的金融学教授。可在最底层那10亿人的国家，那些金融部门的主事者对财政经济学的理解只够管理一个存钱罐，根本管理不了金融部门。

第五章曾提到过，如果一个失败国家想要成功转型，就必须拥有足够多的受教育人口。最底层那10亿人的国家极其缺乏合格的人才，而且很可能会越来越缺。有技能的人口流失速度最快的地方，恰恰是最底层那10亿人的国家之中最有变革希望的地方——发生冲突后的地区。因此，尽管移民是发展过程的一部分，总体上对发展也有益，但我怀疑它并不能改变最底层的10亿人。我认为，移民造成了这些国家的人才流失，可能让这些国家更加难以尽快摆脱不良政策与治理的陷阱。

生活在困境之中：逃离苦海

　　这些情形叠加在一起，构成了一幅令人沮丧的画面，展现了全球化对最底层的10亿人的影响。要想在全球经济体系中获得机会，你需要挣脱陷阱的束缚，可这并不容易。记住，要扭转一个国家的局面，就得有一批受过教育的人。但是全球的劳动力市场正在从最底层那10亿人之中抽干本就少得可怜的人才——受过教育的人。即便有些国家推行了改革，也会发现很难吸引到私人投资，很难阻止本国微薄的私人财富外流。而且它们在试图打入出口的多元化市场时会面临与中国、印度等成功的发展中国家的激烈竞争。即使摆脱了这些陷阱，各国也有可能陷入到一种困境之中——不再分崩离析，却也无法复制亚洲式的快速增长，因此难以赶上其他国家。

　　最底层那10亿人的国家之中，最近走出陷阱的那部分似乎就是这样的。你也许记得，在过去的四年里，最底层那10亿人中平均水准的国家的经济终于开始增长了。我认为这与全球大宗商品繁荣有关，是一个暂时现象。但是，假设你站在最有利的角度看待问题——它们已经挣脱了陷阱。好吧，尽管它们的经济在增长，但是速度非常缓慢——甚至比其他发展中国家在20世纪70年代这缓慢的十年中增长的速度还要慢得多。即便它们目前增长的速度得以维持，它们仍将迅速分化。它们需要好几十年的时间才能达到我们现在所认为的中等收入国家的门槛，而到那时，世界上其他的地区的发展水平早已是它们望尘莫及的。

第六章　在迷失方向的船上：被全球经济边缘化的最底层10亿人

对于这些刚刚走出陷阱的国家，未来还存在着一个更加令人沮丧的变数：它们仍有可能再次踏入陷阱。只要它们仍旧保持着低收入与缓慢的增长，它们便会陷入像俄罗斯轮盘赌一样的处境。科特迪瓦在低收入与增长缓慢的情况下侥幸生存了几十年，但随后就因为政变落入了冲突陷阱。津巴布韦也经历了相同的状况，但随后便陷入了不良的治理之中。坦桑尼亚是目前最有希望的低收入国家之一，但是它新发现了天然气与黄金，成了资源丰富的国家。马拉维在独立以后的第一个十年里虽然身处内陆且资源匮乏，发展得却非常好；可随着邻国陷入冲突陷阱，马拉维难以独善其身，也随即落入陷阱。因此，最底层那10亿人的国家可能会出现一个悲惨的状况：它们会往复徘徊于陷阱与陷阱边缘，刚刚从一个陷阱中脱身，又落入了新的陷阱。

在本书的下一部分，我们暂时不谈令人沮丧的陷阱与陷阱边缘，先聊一聊我们可以为改变现状而做些什么。我要明确地指出：我们无法拯救这些国家。最底层那10亿人的社会只能够从内部自救。在每一个这样的社会中，都有人在努力求变革，但是他们往往都敌不过体制内根深蒂固的反对力量。我们应该帮助这些英雄。迄今为止，我们的努力是微不足道的：由于惰性、无知和无能，我们只能眼睁睁看着他们失败。

第四篇

救助之道

第七章
援助可以拯救他们吗？

我们在前文讲到，有将近10亿人口生活的国家陷入了四个陷阱之中的某一个。其他的发展中国家正在以前所未有的速度发展，而这些国家却在原地踏步甚至开倒车。有的国家虽得以从这些陷阱之中挣脱，但是全球化的经济却让大多数国家赖以成功的道路越发难行，导致它们无法照搬前人经验。因此，即便它们摆脱了陷阱，也只是处在陷阱边缘。它们的经济增长速度十分缓慢，在它们达到确保安全的收入水平之前，仍可能重新滑入陷阱。

10亿人生活在贫困与停滞不前的国家，这并不是我们憧憬的未来世界。世界日渐繁荣的同时，却存在一个充满痛苦的泥潭——对于生活在泥潭中的人，这将多么凄惨；对于生活在泥潭周围的人来说，这将多么危险。所以我们得做些什么。然而，问题在于我们怎样才能帮助这些国家。本章与接下来的章节就会回答这个问题。我会从援助问题开始讨论——从摇滚乐队的慈善演出、八国集团的承诺再到各种援助组织——但我并不会只谈这些。在我看来，仅仅依靠援助确实不大可能解决最底层那10亿人的问题；而且援助已经变得高度政治化，援助的设计也存在缺陷。因此，除了援助问题之外，我接下来要谈一谈我认为的另外三个迄今还没有被充分利用的有效工具。

是什么原因让援助引起了如此激烈的政治分歧？现在的援助工作变得如此不堪，左派与右派都负有责任。左派似乎想把援助视为对过往殖民主义的某种补偿。换句话说，这是西方社会对以往罪行的承认，与发展无关。从这个角度来看，最底层那10亿人的唯一角色是受害者：他们因为我们曾经的罪行而受难。右派更倾向于将援助等同于索取福利。换句话说，这是在奖励那些无能的人，使问题恶化。在这两者之间，尚有一丝理性的光芒，那就是认为援助促进了发展。具体说就是：我们以前也很穷；我们花了200年的时间才走到今天这一步，所以我们应该努力加快这些贫困国家的发展速度。

援助的确会加快增长的进程。合理估算一下可以知道，过去的30年间，援助让最底层那10亿人的年均增长率增加了大约1%。这听起来并不是很多，如果没有援助，这30年间最底层那10亿人的年均增长率将远远低于1%——确切地说，增长率会是0。所以，增加的1%实际上改变了经济停滞与严重下滑的情况。如果没有援助，最底层那10亿人的国家会比今天更穷。援助一直是阻止国家崩溃的必要行动。

2005年7月，八国集团首脑在格伦伊格尔斯（Gleneagles）举行会议，承诺将对非洲的援助增加一倍。那这是否会让援助对增长的贡献增加一倍呢？这能否将最底层的 10 亿人从停滞不前的状态中解放出来呢？如果加倍援助可以让增长率提高一个百分点，尽管成效不会十分明显，但至少可以通过逐渐积累，直至显著提高居民的收入水平。我认为，如果有正确的配套举措，也许可以通过这样的方式实现这一目标；但就目前的情况来看，额外的援助并不会带来如此令人振奋的效果。统计学的研究普遍表明，援助会受到所谓"收益递减"效应的影响。也就是说，随着援助的不断增加，得到的回报只会越来越少：第一个 100 万美元比第二个 100 万美元作用更大，依次类推。这并不奇怪，毕竟收益递减的现象随处可见，援助也遵循着收益递减的规律。华盛顿的一个智库机构——全球发展中心做了一项研究，针对援助的收益递减做了一项估算。估算显示，当援助达到 GDP 的约 16% 时，增加援助就不太可能产生更多收益了。在格伦伊格尔斯会议之前，非洲离这个门槛就已经不远了。因此，至少在现有的援助模式下，会议上提出的援助翻倍并没有太大价值，援助所能产生的效果已经基本达到了极限。

我们能否改变提供援助的方式，使其更有效地发挥作用，从而抬高收益递减的门槛呢？关于援助官僚机构的可怕案例不算少。捐赠方经常相互牵制，无法协调合作。我遇到过一个案例，三家援助机构分别希望在同一个地点建设医院。它们同意进行协调，这已经非常不易了；但是随后出现的问题是，在工作如何协调的问题上，三家援助机构有互相不兼容的标准。它们花了两年的时间才达成妥协，每个机构根据自己的建设规则分别建造医院的一层楼，它们的效率也就可想而知了。因此，援助在落实层面还有非常大的改进空间。各个机构还将其纷繁复杂的会计程序强加给受援国政府；受援国政府连自己的预算都没有能力管好，更别提捐赠方的预算了。这一切本来可以变得简单许多。最简单的办法是所谓的"预算支持"，基本上指的是捐赠方向政府提供资金，政府自己想把资金用在哪里，就可以用在哪里，就像使用自己的税收一样。援助仅仅用来支持政府的预算。在某些情况下，这是援助最佳的方式，但这取决于预算是否合理。在最底层那10亿人的许多国家，预算并不合理；有些国家的预算干脆就是荒唐的。

世界已经进行了一次自然实验：最底层那10亿人的许多国家曾被注入大量预算支持，这些预算支持就是石油。我们在第三章讲过，最底层那10亿人的一些国家获得了大量的石油收入，其中绝大部分进入了政府预算。例如，在过去的30年内，尼日利亚获得了大约2,800亿美元的收入。这远远超过了最底层那10亿人的国家得到的实际援助规模。然而，令人沮丧的是，尼日利亚却没有取得任何值得炫耀的成果。这是过去的情况，现在的情况怎样了呢？最近石油价格上涨，为我们提供了另一个新鲜的案例，借此可以了解最新的状况。非洲的石油出口经济最近收入颇丰，增加的援助与之相比变得不值一提。于是，我研究了这个变化对这些经济体中与石油无关的部分造成了怎样的影响，并将其与非洲其他地区的增长进行比较，这些地区不出产石油，当然也会受到高油价的冲击。我从国际货币基金组织得到了2004年的最新数据，把这些数据叠加起来，发现两个增长率相同：那些从石油暴利中受益的经济体的增长速度并不比受到高油价打击的经济体快。但愿这只是数据的滞后效应所致，出产石油的经济体很快就可以进入增长的快车道。但是到目前为止，最近观察到的迹象与过去相当一致：没有任何限制的巨额资金流入，在最底层那10亿人的许多国家中似乎并没有被很好地使用。实际上，预算支持将援助变成了石油开发：给最底层那10亿人的国家政府的资金被毫无节制地投入到了石油项目上。所以，大致上讲，债务减免也是如此。我并不反对预算支持与债务减免；对于一些国家来说，这对它们是有帮助的。但是，如果将它们作为促进最底层那10亿人发展的一般工具，只会让这些国家获得石油和其他自然资源收入变得更加成功。

总的来说，即便有官僚主义掣肘，援助在帮助最底层的10亿人方面也比石油收入更成功。援助能促进经济增长，石油却会减慢经济增长速度。两者都是对最底层那10亿人的政府的财政转移，唯一的区别在于援助是由援助机构负责的。所以，尽管看起来不太可能，但援助机构确实为财政转移支付做出了很大贡献。鉴于援助机构在公众眼中的形象不怎么好，以及上文提到的关于医院的那些糟心事，人们很难相信这一点，但事实就是如此。与只是寄去一张支票然后期待着瓜熟蒂落相比，援助机构掌握的项目、程序、条件总体上能更好地利用援助，提升了转移支付资金的价值。所以，如果不考虑这些，只提供资金的话，援助的效果不会得到加强，反而会减弱。我们是可以为它们做一些事的，我在下文就会谈到我们可以提供的帮助，不过给钱这种简单的办法只能用在治理水平比较高的国家身上。

在治理与政策水平还过得去的地方，援助往往更加行之有效。这听起来没什么可惊讶的，几乎是老生常谈了。但其实它很有争议性。部分原因在于人们不喜欢别人说问题最严重的国家应该得到最少的援助，这是很好理解的。很明显，这些国家最需要援助资金。可是，在这些国家的环境里，钱却基本起不到什么作用。还记不记得乍得的那项支出跟踪调查？财政部发放的用于农村卫生机构的资金，真正发到诊所手里的还不到1%。在 2005 年，欧盟委员会给乍得政府捐了 2,000 万欧元的预算支持。你觉得这笔钱有多少被有效利用了？别忘了，跟踪调查只针对那些原本就打算用在医疗领域的资金。可是，医疗并不是乍得政府最重视的问题。政府更愿意把钱用在军事上。欧盟给予的预算支持，乍得政府可以想怎么用就怎么用。我很好奇，其中究竟有多少援助会分配给卫生系统？而分配给卫生系统的资金，又会有多少被用在医疗服务的第一线？因此，欧盟委员会对乍得这个极度贫困的国家的善意支持，最后大多都可能变成了对军事力量的资助。

这会是援助普遍的命运吗？援助方尽力避免援助资金被用于军事开支，那么在真实的数据上，有多少援助资金流入了军事预算之中呢？要估算这一数字并不容易，尤其是因为各国关于军事支出的数据并不是十分可靠。各国政府往往不愿提供真实数据。安克·赫夫勒与我使用了斯德哥尔摩和平研究所（Stockholm Peace Research Institute）提供的数据。这家研究

第七章 援助可以拯救他们吗？

所后来成了第一家承认这个数据有问题的机构，但它们提供的数据可能是现存最可靠的数据（无论你相不相信，就连关于援助的数据也并不充分——你也许会认为捐助者可以更好地跟踪它们给了谁多少钱，以什么形式提供）。总之，有了数据之后，如何解释这些数据就成了新的问题：二者互为因果，援助会影响军费，军费反过来又会影响援助。也就是说，捐助行为是有目的性的：军费水平高的政府往往会得到更少的援助。我们的确考虑到了这一点。我们得出的结论是，某些援助的确会被挪用为军费开支，但其数目出乎意料的少——最高可达11%左右。尽管这样的数据并没有小到足以忽略不计，但是在此基础上，声称援助被浪费是非常不公平的。尽管如此，在那些获得大量援助的最底层那10亿人的国家之中，即使是11%的援助，也是一笔不小的军事预算。我们估计，大约有40%的非洲军费开支是由援助在无意中资助的。因此，援助国有正当理由限制军费开支，或者至少对此表示担忧。

客观地说，援助机构陷入了某种窘境之中。如果它们只是通过需求分配援助，那么这些援助资金最终就会被用来资助军队，乍得就是一个例子。如果它们只根据发展的效率来分配援助，那么援助就会提供给没那么需要援助的国家。我与我在世界银行的同事杜大伟（David Dollar）共同提出了一个看法：援助的分配应该尽可能让更多人摆脱贫困。我们研究了如何才能在实践中协调援助的需求与效率。我们借用技术官僚的思维模式，将这种看法称为"贫困效率"（poverty efficiency，这个词肯定会和"人力资本"一起成为语言学上的怪胎）。无论如何，援助分配在实际上远没有达到有效率地减少贫困的目的。其中最大的偏差在于，有太多的援助流向了中等收入国家而不是最底层那10亿人的国家。中等收入国家之所以可以得到援助，是因为与最底层那10亿人国家的狭小市场与国力孱弱相比，中等收入国家的政治与商业的利益要大得多。但并非所有机构都同样将援助的重点放在中等收入国家身上，拿最大的两家援助机构来说，世界银行比欧盟委员受到的政治影响更少，因此它的援助就更为针对最贫困的那些国家。但是这里有一个悖论：世界银行直到最近为止都只能提供贷款，而欧盟委员会完全是以援助的形式提供的。因此，最贫困的国家得到的是贷款，而捐赠则流向了中等收入国家。你可能会理所当然地认为，这样的做法并不合理，援助的分配还有大大改善的空间。但如果援助更针对最底层的10亿人，是否有助于它们逃脱陷阱呢？

援助与冲突陷阱

援助真的会让最底层那10亿人的处境变得更糟糕吗？一些研究者的确这么认为：援助可能会诱发叛乱与政变，因为这会让夺得政权变得更有利可图。在最底层那10亿人的国家，援助有时候可能是所谓"主权租金"关键的组成部分——对于权力的报酬。那么，大量的援助会刺激叛乱或者政变的发生吗？这要如何做研究——去调查叛乱者与政变首领？

对于叛乱与政变，赫夫勒与我采用了业内研究叛乱与政变时采用的一般方法：考察所有的叛乱与政变，同时接受援助是被有目的地分配的，援助组织往往会减少对高风险国家的援助这一事实。然后，基于对这种有目的性的分配的考虑，将援助纳入对叛乱与政变原因的分析中。当然，你无法用这种方法判断援助是否会影响具体的某次政变或叛乱，但你可以判断援助是否会在总体上产生重大影响。

根据我们的研究，就平均而言，援助与内战的风险没有直接的关系，但存在间接影响（这点我马上就会讲到）。这并不意味着援助永远不会产生直接影响：你能从各种专业人士那里听到不同立场的故事，有的说援助会引发战争，有的说援助能避免战争。这些说法可能都对，但是它们并不能证明二者之间有一种系统性的关系。政变则是另一回事：大额的援助的确会增加政变的可能性。我们在第二章讲过，叛乱会受自然资源财富的驱动，但不会受援助的影响。但政变不同，它会受援助鼓动。为什么会存在这样的差异？也许是因为，叛乱通常会持续很多年，而援助要在夺取政权后才能获得，算不上是一个潜在诱惑。相比之下，自然资源收入在冲突中就能用得上，它们是随手可得的，你不需要控制整个国家，只要占据一处荒郊野外的钻石矿就可以了。那么，既然援助不会导致叛乱，为什么会诱发政变呢？这可能是因为政变发动前并不需要长年累月的谋划。政变一旦发起，很快便可以结束，只要成功，援助就是唾手可得。

因此，在某种程度上，援助的确会让国家在冲突陷阱中越陷越深。但是援助也有可能让情况得到改善——它有助于间接地降低冲突风险。前面讲过，导致叛乱与政变的风险因素是缓慢的增长与较低的收入水平。而援助可以提高增长水平，提高居民收入，从而减少发生冲突的风险。那么这个影响的收益和援助成本相比哪个更大？赫夫勒与我研究了这个问题。我们之前已经估算了一场典型内战的成本——大约是640亿美元——也估算了通过援助提高经济增长可以在多大程度上降低战争风险。因此，通过将两项数据结合在一起，我们算出了援助巩固社会安全能带来的回报。出乎我们意料的是，这个回报并没有大到可以覆盖成本。其原因在于，在一个典型的最底层那10亿人的国家，因为治理与政策的条件太差，援助无法有效促进经济增长。我们的结果遭到了杰夫·萨克斯的质疑，他认为我们的问题是对的，但答案不对，于是我们验证了自己的说法。在一个治理与政策状况良好的国家——也就是摆脱了不良治理陷阱的国家——社会安定的效益开始上升，达到了援助成本的一半。当然，我们考虑的冲突成本并不包括溢出到富裕国家的任何不良影响，比如毒品与恐怖主义。因此，仅仅考虑社会安定，可能并不能证明大型援助计划的合理性，但在一些国家，援助带来的安全收益可以实质性地加强援助的成效，比如提高收入和增加国内消费。

然而，在冲突后国家，为保障安全而投放的援助，它的成本效益分析的结果就大为不同了。在这些环境中，仅凭援助在安全上带来的收益就足以证明大规模援助项目的合理性。我们知道，战后正是风险最高的时期——有大约一半的内战都是在冲突后再次爆发。在这种条件下，援助恰好能非常有效地提高经济增长。这并不奇怪——这就是援助一开始的样子。世界银行最初叫作"国际复兴开发银行"，"开发"这个词只不过是字面上的补充。援助是为了在第二次世界大战后重建欧洲而发明出来的。事实证明，援助对于战后欧洲的重建居功至伟。在最近的一段时间里，我们对冲突后的地区进行援助时犯了一些错误，援助金额太少，援助来得太快。是的，太快了。和平协议被媒体曝光，政客们接着便打开了支票簿。援助在战后纷至沓来，然后迅速半途而废。然而，典型的冲突后国家在起步阶段的治理水平、体制与政策非常糟糕，它们需要时间去改善这些问题，才能达到援助物尽其用的水平。因此，需要在冲突之后最开始的十年间持续对它们输入援助，不能只在最开始的几年帮助它们。值得称赞的是，援助方正在学习。冲突后的干预措施在冷战结束后才真正开始展开——在这之前，整个世界都被分成了两极，可资借鉴的经验也极为有限。例如，世界银行直到大约2000年才将处于冲突后的状态纳入援助的分配标准之中——在冷战时期，它对于重建的作用被全然遗忘。虽然世界银行后来开始给冲突后地区特别拨款了，却规定只为一个国家提供三年的额外资金支持。在2005年，规则发生了变化，现在额外的资金可以持续供应七年，相比之前的三年，这个时间框架更为合理。各个机构也在学习经验，这样使用援助为最底层的10亿人打破冲突陷阱发挥了重要的作用。但是仅仅依靠援助是不够的。发展是一个缓慢的过程，需要时间来降低各种风险。经过十年的经济快速增长，冲突后的风险通常会下降到可控水平。然而，在最开始的十年，即便有大量的援助提供也无法降低风险。援助对重建经济起到的作用是缓慢的，所以我们必须寻找其他途径来控制这一时期的风险。

如果一个国家不是处在冲突后的时期，只要援助可以促进经济增长，就有助于降低冲突的风险。但问题在于，该用什么办法提供援助，才能让它即使在最可能引发冲突的治理与政策环境下也可以发挥作用。我会在后面谈到这个问题。我们再来看看援助会如何影响其他陷阱。

援助与自然资源陷阱

第二个陷阱是自然资源陷阱。直白地说，援助是无力解决这个陷阱的。很显然，自然资源丰富的国家有可观的收入流向政府，它们只是不能很好地利用这笔资金。尽管如此，在这样的环境中，援助还是有机会大展身手的。那就是这些国家打算改革的时候，这是出现转机的好兆头。我将在讨论不良的治理与政策的陷阱时，再谈这个问题。

援助与内陆国家陷阱

然后是第三个陷阱：身处内陆。这些国家基本上需要长期接受国际援助。此后，它们也许可以活下来，这取决于比它们更幸运的邻国何时开始增长，以及市场利基什么时候出现。但是这些问题的解决方案并不简单，同时这些国家要解决这些问题也没有任何捷径可走。回过头来看，国际体系当初允许经济上难以为继的地区成为独立国家，也许是一个错误。但事已至此，我们必须承担后果。后果之一就是，这些国家的环境极度贫瘠，需要大量的援助，才能提振国内的消费，哪怕援助对经济增长没有很大的促进作用。我们需要认识到，对这些国家来说，援助不是为了暂时性地刺激发展，而是为了保障该国人民的生活能有最起码的尊严。

发展援助不同于直接支持消费的援助，它在内陆国家能起到关键的作用，可以改善该国与沿海地区之间的交通线。前文讲过，通往沿海地区的运输成本因为邻国交通技术设施水平的不同而存在非常大的差异。因此，援助本应该用来资助区域性运输通道，这些通道对于内陆国家来说攸关生死。但是援助基本没能做到这一点，这是为什么呢？

一个原因是，在20世纪90年代，基础设施建设已经过时了，至少援助机构认为是这样。一部分原因在于，人们过度相信私营企业会投资建设基础设施，所以援助机构最好做些别的事来证明其继续存在的必要。例如，世界银行的核心业务原本是支持基础设施建设，但它却把这项业务划到了私营企业的发展和融资领域里，整个业务只是世界银行五大"网络"之一。基础设施建设过时还有一部分原因在于，人们日益要求将援助导向更引人注目的社会项目——健康与教育——以及日益严肃的环境问题（这两个目标在世界银行所有网络中都有所涉及）。因此，各机构将其预算从基础设施转移到新的优先事项上，为开支腾出空间。

区域运输通道被忽视的另一个原因是，一个援助方案只针对一个国家。乌干达通向海岸线的交通状况取决于肯尼亚而不是乌干达的交通设施。但是肯尼亚政府并不关心乌干达，而且随着援助项目越来越强调"国家的自主性",如果肯尼亚政府不够关心,那么向肯尼亚政府提供资金的捐助者就不会关心。因此,基础设施建设资金的缺乏与由国家主持的援助项目,共同造成了内陆国家缺乏必需的区域交通走廊的现状。

援助与不良治理的陷阱

第四个陷阱是受困于极端不良的治理与政策。援助可以帮助深陷其中的国家摆脱这些问题吗?我认为这是额外援助最能发挥作用的地方。有三种援助方式有可能帮助我们扭转局面:提供激励、提供技术与巩固成果。让我们看看哪些办法更为奏效。

作为激励的援助

从20世纪80年代起,以援助激励政策改良的手段就出现了,被称为"政策条件"。政府承诺改革,捐赠者才会提供援助。但这种方法彻底失败了。它有两个基本问题,分别是心理上和经济上的问题。从心理学的角度来说,人在被吩咐做某事时会产生抵触反应——所有家长都知道这个。孩子会这样,政府也会这样,否则他们如何保护自己的自由?所以,这种附加的条件会把政府乃至于整个社会推向本可以带来许多好处的政策变革的对立面。"政策条件"还会扰乱问责制:如果政府听从援助机构的命令,出了什么问题,选民应该责怪谁?各国政府马上就会借这个理由逃避自己的责任。在1998年津巴布韦政府

第七章　援助可以拯救他们吗？

启动经济改革的那一周，新闻部部长告诉当地媒体："这不是我们的改革，这是国际货币基金组织的改革。我们是被迫这样做的。"这样的说法不但推卸了责任，而且很容易让改革出现倒退。事实上，津巴布韦政府后来确实又把改革都推翻了。

因此，"政策条件"能否落实，取决于政府是否承诺做出改变。用术语来说，这就是所谓的事前条件（ex ante conditionality）。在经济学里，基于承诺获得资金存在时间一致性问题（time consistency problem）：除非对激励机制做出适当调整，否则政府就只会作出承诺，得到资金之后便为所欲为。让我们举个现实中的例子，肯尼亚政府在15年内五次向世界银行承诺同样的改革以换取援助。没错，这五次肯尼亚政府都得到了资金，过后却要么什么都不做，要么只是做了点表面文章，之后又现回原形了。令人吃惊的是，资金仍然源源不断地进来。我很好奇，肯尼亚政府的官员是如何在第五次做出相同承诺的时候，还可以保持正直而诚恳的态度？援助机构的官员又是如何自欺欺人，认为他们可能会遵守这次的承诺？但是，援助机构并没有什么动力来强制接受援助的国家履行诺言，因为援助机构的人员的升迁靠的是发放资金而不是扣留资金。最终，世界银行以及其他的捐赠机构意识到了提条件给援助的局限性，转变了援助方针，变成了根据政策落实的达标程度，而不是根据改革的承诺来发放援助。用术语来说，这是所谓的事后条件（ex post conditionality）。这样的援助方式更符合我们的研究结果，即援助是否可以被有效使用，取决于政策水平，而不是政策会如何改变，同时也不需要再作出承诺了。唯一的问题是，这会使援助把问题最严重的国家排除在外。往好一点说，这是以现实的头脑认识到了援助在这种环境下起到的作用很有限。往坏了说，这是放弃了最需要援助的人。总之，不要指望事前的"条件政策"可以推动失败国家改善政策，这种办法不管用。

我对"治理条件"则持有不同的看法。治理条件的关键目标并不是将政府手中的权力转移到捐赠者手中，而是转移到本国公民的手中。这种权力转移的斗争，在欧洲持续了将近200年，并且我们确实应该希望在最底层那10亿人的国家中加速权力的转移。在欧洲的权力转移斗争中，外部的压力起到了至关重要的作用。对这种斗争常见的描述是这样的：战争的威胁迫使政府组建大规模的军队保护自己。为了支付这些军队的开销，政府需要收税。为了让大众甘心承担较高的税负，它们不得不承认人民有代表权与监督权。我们不能让最底层那10亿人重蹈覆辙。在欧洲，太多的战争威胁都演变成了真实发生的战争，战争的整个过程充满了杀戮，而且很可能再度发生。通过战争实现权利让渡的过程也很缓慢。公民强迫政府接受监督，纯粹依靠内部的进程，这样的力量相当微弱。为了推动这一进程，需要外部的压力，而且这完全合法。对于那些不愿意让公民看到它们如何花钱的政府，我们为什么要提供援助呢？

以事后形式存在的治理条件，正越来越受到欢迎。最引人瞩目的是，美国总统乔治·W.布什推出了他的"千禧年挑战账户"，这个计划分配援助的主要标准就是看接受援助方是否达到了某一治理水平。他明智地选择了不通过美国现有的援助机构来分配这些额外的美国援助资金，因为多年以来，美国国际开发署一直被国会商业游说团所挟持。国会对于美国国际开发署的预算逐行表决，转移开支，令某些美国出口商获利，没有考虑非洲的需求。然而，有些令人惊讶的是，已经没有援助机构在援助前附加事前的"治理条件"。这样分配援助的好处是，可以让额外援助的条件变得清晰：政府必须做什么、在特定的世界范围之内去做，才可以得到额外的援助。而且援助可以针对最开始治理能力非常薄弱的国家——援助将集中在最底层的10亿人身上，而不是将他们排除在外。我将在第五部分更全面地阐述我认为的治理条件的具体内容。我们必须承认，援助在改善治理方面的作用有着非常严重的局限性。但我们还没有触及这些局限。

作为技术支持的援助

　　援助条件在关于援助的讨论中，占了非常大的比重，因为它非常敏感，但是治理和政策的改革不仅是一个政治意愿与政治压力的问题。它还需要掌握相关技能的人。通常情况下，在最底层那10亿人的国家中，公务员队伍已经失去了曾经拥有的任何技能。在一次晚宴之后，最底层那10亿人的一个国家有一位公务员负责人向我讲述了他在帮助建立公务员队伍时发生的事情。在国家独立的前夕，他还是一位小学生。班里聪明的男生都渴望加入公务员团队，参与建设国家。在班级的另一端，愚蠢的班级恶霸想做什么呢？肯定不是有着严格选拔的公务员队伍，他们不会选择这条路。于是，班级恶霸将目光投向了军队。20多年之后，发生了政变。现在军队掌管着政府。那些班级恶霸现在变成了将军,他们把持着公共部门,而当时的班级尖子生们现在维持着公务员队伍的运转,这两股力量相互对峙。将军们不喜欢这样。渐渐地,他们用和自己相似的人换掉了这些聪明的男孩。他们提拔的人不是聪明与诚实之人,而是愚蠢与腐败之徒,于是前者选择了离开。经济学家有一个术语形容这种现象:内在动机选择(selection by intrinsic motivation)。于是,当权力从军队回到文职政治家手上时,公务员队伍已经崩溃了,它不再能促进国家发展,成了掠夺国家的工具。

政治有自己的特质,不时有具有改革意识的部长与总统上台。但是他们很难实施改革,因为他们继承的公务员队伍只会阻碍而非推行改革。公务员队伍敌视改革,因为他们自己可以借助他们掌控的混乱的规章制度与开支获利。而在此时,援助可以发挥潜在的功能,在最需要的时刻提供公务员队伍所缺乏的技能。

我在第五章讲过,我同莉萨·肖维一同研究了失败国家转型的先决条件,转型开始后有助于转型成功的条件。确切地说,我们研究的主要目的是观察援助是否可以带来帮助,无论是作为转型的先决条件,还是在转型开始后带来好处。我们区分了两种援助类型:技术援助与向政府提供资金。技术援助指的是提供有技能的人才,薪水由援助方承担。捐赠方提供薪酬,受援国政府得到有技能的外国员工为其工作。技术援助占了所有援助花费资金的四分之一。另外四分之三的资金,不是用于政府资助教育等特定的项目,就是直接交给政府,没有指定用途，这就是所谓的预算支持。要区分技术援助与政府的资金支持并不容易，因为捐赠机构根本懒得去准确记录它们的开销。我们依赖的数据由主要的援助机构——经济合作与发展组织（OECD）设在巴黎的发展援助委员会提供。连该组织也认为这些数据不够可靠。

我要重点谈谈技术援助。通常四分之一的援助是以技术援助的形式提供的，这一事实被描绘成某种丑闻，理由是这些国家看不到任何资金——它们得到的只是技术人员。但是，这实际上取决于这些人能否发挥作用。改革需要技术支持，而在最底层的10亿人中，这些技术是缺乏的——我们在前文提过，拥有技术的人已经离开了。他们去了伦敦、纽约、巴黎，而不是在中非共和国的首都班吉。对于技术援助的需求，正确的政治解决方案是支持"能力建设"，也就是培养当地人，而不是空降专家。搞能力建设有充足的理由，但也存在着先与后的问题。在国家完成转型之前，能力建设是相当困难的。假使你以国际标准训练人员，如果本地没有发展前景，那么他们就会把自己的证书当作离开本国的护照。我清楚这一点——我花了30年培养这样的人员。在改革的早期，改革者需要国内无法提供的技能，一旦转型完成，有些技能就不再被需要了。一个国家在渡过改革难关的时候，临时输入一批技术人才其实是有必要的。

因此，我与莉萨将技术援助纳入了我们对于转型的分析之中。作为转型的先决条件，技术援助是否会对转型有所帮助呢？转型开始之后，是否会对其有所帮助呢？领导层变更后，技术输入还会起作用吗？我们所面临的问题与援助相似，这个因果关系可能是双向的：转型的前景越好，捐赠者可能会选择提供更多的技术援助。捐赠者把握了主导权，援助也会有的放矢，从而使这些地区的情况得到改善。在这种情况下，援助的确可以提升转型成功的可能，但得出这样的结论，可能是因为我们错误地混淆了两者的因果关系。我们可能同样会发现，改革的良好前景也能增加援助。解决这个问题的办法是，找到一个技术援助组成部分，可以逐个国家、逐个年份来预测；而且这部分排除了国家治理与政策的任何影响。幸运的是，一个国家所接受的援助之中，有很大部分并不是由其自身现状来决定的，而是由捐赠方的特点来决定的。例如，埃塞俄比亚很可能从意大利获得比较多的援助，因为意大利人对埃塞俄比亚的短暂入侵为其带来了历史上的联系。而科特迪瓦很可能从昔日的殖民宗主国法国获得相对大规模的援助［阿比让（Abidjan）曾经被称为非洲的巴黎］。所以如果意大利的援助预算增加，法国的援助预算下降，埃塞俄比亚相对于科特迪瓦的援助收入就可能会增加。因为这部分援助与受援国的政策条件无关，我们可以研究这部分援助对于转型的影响。并且我们确信，两者的关系可以归结于援助导致转型的出现。我们来接着举例，埃塞俄比亚或者科特迪瓦在援助捐赠者的配置上时而幸运时而不幸，我们可以看到这种幸运是否会对转型的机会产生影响。

遗憾的是，据我们所知，如果一个失败国家在开始转型接受技术援助，并不会对转型有太大影响。专家来宣讲，人们礼貌地听着，这不会引发什么改变。无论是对提供技术援助的机

第七章 援助可以拯救他们吗？

构来说，还是对失败国家来说，这都是个坏消息，尽管投入大量的技术援助很容易。不过，如果转型已经开始，或者国家有了新的领导人，情况便会大不相同。在改革的头四年，特别是最开始的两年，技术援助对于维持改革的势头会有很强的积极作用。同时，技术援助也大大降低了改革完全崩溃的可能性。在我看来这完全说得通，因为转型的早期正是少数勇敢的政治家遇上公务员队伍中那些冥顽不化与尸位素餐之辈的时候。除了少部分改革只需要部长签字便可推进，大多数改革都需要能够落实改革的技术官僚和管理者。

莉萨与我对技术援助有这么大的效果而感到惊讶，于是我们决定更进一步。我们想弄清楚，如果想让技术援助在改革的早期阶段派上用场，得需要多大的规模。让我们再一次惊讶的是，我们得到了一个在统计学上有一定把握的答案。这个答案显示，改革期间的一揽子技术援助如果要派上用场，规模非常巨大——每年提供技术专家所需的资金约为2.5亿美元。

我们首先将估算所得的数字与改革期间实际的技术援助进行了对比。实际的援助规模通常要小得多，因此捐赠方似乎错失了在改革期间的援助良机。但是在这一阶段，我们并未比较成本与收益：如果收益太小，捐赠方放弃这些明显的援助机会就是正确的。为了揭示在改革初期投入技术援助是否值得，我们需要确定收益是否超过成本。这非常简单，因为我们已经估算过了失败国家的成本——我在第五章讲过，大约是1,000亿美元。而且，我们现在已经知道如果要让一揽子的技术援助把初期的转型成果维系下去，需要多少援助资金。我们只需将这两者结合起来，就能算出预期获得的大致收益。收益大约为150亿美元，而维持四年所需要的最高的技术援助开销只不过10亿美元左右。因此，捐赠方确实错失了一个非常好的援助机会：仅仅投入1美元，就有15美元的预期收益。而且别忘了，那1,000亿美元指的只是受援地区的失败国家成本，而援助带来的安全还会辐射到更广阔的周边地区，这可是额外的收获。

那么，为什么援助机构会错失良机？毕竟，技术援助整体并不是可以忽略不计的——用于向各国提供技术援助人员的资金占到援助资金总额的四分之一，这并不是一笔小数目。我们要面对的问题不在于技术援助的总额不足，而在于技术援助的组织方式不适应各国的情况。借用这些机构的说法，技术援助的内容是由供应驱动的，而不是由受援国的需求驱动。同样的援助年复一年地投入同样的地点，却没有怎么考虑过政治上的机会。事实上，鉴于普遍存在的事后政治条件——将资金投入到境况已经不错的地方——各个机构根本不可能将其资源投入转型刚刚起步的失败国家，因为这违反了规则。我们得重新规划技术援助，让它发挥紧急救援的作用，而不是麻木地输送各种项目。就像2004年12月东南亚发生海啸的时候，紧急救援队迅速赶来一样，一旦出现政治机遇，就应该准备好技术援助。在理想情况下，推动改革的部长需要一个技术援助的大型储备库，由他们决定如何使用。即使在资源丰富的失败国家，这么做也会很有用。尽管在原则上，资源丰富的国家可以用政府的收入来支付大型技术援助的费用，但在实际中它们不大可能会这样做。在改革之初，这样使用政府税收有着巨大的政治代价。

在正确的时间做正确的事，援助才会卓有成效，乃至可以帮助国家逃脱自然资源陷阱。

援助作为强化手段

因此，技术援助可以帮助失败国家扭转局面。那么向政府特定项目提供的资金或者预算支持的援助呢？我们采取了同样的方法进行研究，却得到了截然不同的结果。在改革的初期提供资金会适得其反，保持改革势头的可能性会降低。我对这个研究结果表示怀疑，除非之后有完全独立的研究得出与此相似的结论。我在第五章曾简要地提过，但我想再多说几句。我想说的是贸易获得的意外之财的影响，比如石油价格与咖啡价格暴涨。你也许会认为，贸易的发展会让改革变得更容易——毕竟，会有更多的资金流入，人们的生活会变得更好。然而，事实却恰恰相反：改革初期的意外之财与援助大潮一样会产生不良影响——早期注入的资金会使改革的长远前景变得暗淡。技术与经济不会导致这一现象，所以肯定是政治上的影响所致。我想弄明白政治是否真的会有这样的影响，于是咨询了时任尼日利亚财政部部长的恩戈齐·奥孔乔-伊韦拉（Ngozi Okonjo-Iweala）。她可不是普通的财政部部长；2005年，《银行家》(*The Banker*)评选她为该年度最佳财政部部长，以表彰她在改革方面做出的努力。我第一次遇到她是在20世纪90年代中期，彼时她在牛津大学，突然给我写了封信。当时我正管着一所研究非洲经济的研究中心，而她是世界银行的董事。她来信问我，她能不能利用世界银行的假期到研究中心来学习一个月。很少有世界银行的董事这样做过。总之，到了2005年，她已经成了回答上述那个问题的理想政治家：她在石油价格暴涨的情况下对尼日利亚实施了改革，而且非常成功。我问她，高昂的油价是让尼日利亚的改革进程变得更容易了，还是更难了？她笑着回答说："更难了，而且难得多。"为什么这么说？因为人们都一门心思想要趁着石油涨价发财，没人关心艰苦、乏味、乱糟糟的改革。既然国家已经能拿出比项目竞标能给出的价码还要多的资金了，为什么还要不惜拖延项目坚持竞标呢？这也许说明了一个更普遍的问题：天降横财，无论是来自出口繁荣还是援助的横财，都会让人们避开改革这个艰难的选项。

在改革持续了几年之后，技术援助与资金支持各自带来的效应就会发生颠覆性的变化。技术援助将变得毫无益处，甚至成为阻碍。我觉得这是因为，到了特定的阶段，政府就需要建立自己的技术团队，不能再继续依赖外国专家——这时候，资金援助将开始发挥作用，会强化而不是破坏改革进程。所以，这似乎是一个连续的过程。援助并不能有效促成一个失败国家开启转型进程，我们需要等待政治机遇的到来；而当这个机遇出现后，应该尽快投入技术援助，帮助落实改革；再过几年，援助机构就应该开始为政府注入资金，对它们的支出给予支持。

用这种方式的援助来支持失败国家的初期转型，存在较高风险。即便这些国家有了援助，许多初始阶段的转型也会走向失败。但是这类援助所取得的回报也是很高的，因为一旦成

第七章 援助可以拯救他们吗？

功，援助就创造了巨大的价值。从风险承担的角度来看，转型的过程类似于风险投资基金——风险投资基金所投资的大多数公司都会失败，但只要有少数几个成功案例，基金在总体上就能获得成功。如果援助机构想真正关注最底层的10亿人，就需要调整政策，适应高风险的运行模式。我认为风险投资基金的管理模式是应对此类风险的不二之选，因为它可以调和责任制和激励制度。"风险援助基金"依然需要重视援助的整体成效，但可以在遭遇大量失败的情况下，得到总体上的成功。如果不采用这样的模式，官僚机构便无法应对风险。那里的员工不会承担大的风险，因为风险意味着周期性的失败，而失败意味着职业生涯的终结。毫不惊奇的是，人们根本不愿意在这些条件下承担风险。随着人们越来越多地以他们取得的"成果"来评估工作，情况会变得越来越糟。在援助机构内部，盛行着以结果为导向的趋势，在某种程度上这是明智的——高级主管试图让其员工关注结果，而不是投入。但是注重结果很容易鼓励人们不惜一切代价避免失败。如果这种情况发生了，援助就会越来越多地流入那些发展程度已经令人满意的国家。这是一种安全的选择。值得称道的是，英国政府已经意识到这个问题，并向世界银行提供资金来支持失败国家推动转型。其他国家的政府是否会向这个基金投入资金？在我看来，这是未来几年援助的关键一步。如果你希望让你的孩子在一个失败国家更少的世界中长大，你实际能做的一件事就是敦促你们的政府支持这样的援助基金。

改革之前的援助

转型之前提供的资金援助是否有效，取决于提供的方式。为了确保援助得到恰当使用，传统的办法是通过项目来监管援助。援助机构并不是为政府毫无保留地提供资金，而是与政府商定具体的援助项目，并帮助受赠国政府设计与执行这个项目。这种烦琐的援助方式并不适合有着可靠治理体系的国家，但对于治理能力薄弱的国家来说却可能是明智的选择。然而，这里存在着一个问题：众所周知，在治理薄弱与政策不健全的国家，实施这些项目更有可能失败。

最近，莉萨与我受邀从事一项研究：能否采取某种措施，让针对失败国家的援助项目更加成功。捐助方对我们关于转型方面的研究很满意，同意继续资助我们第二阶段的工作。我们使用了一个庞大的数据集，其中包含对全世界数千个捐赠项目的评估。我们花费了很长的时间，才厘清这个数据集所呈现出来的问题。我要先说一句：下文提到的结论还没有公开发表，因此还没有接受同行审议。

我们十分确信，在失败国家中，项目成功的可能性要小得多。但我们的问题是，对于这样的现状，捐赠者是否可以在能力范围之内做些什么，让援助变得有效。比如，可以援助特定的项目，或者也可以采取特定的实施项目方式。结果我们发现，援助机构花在项目监督上的资金在失败国家取得的效果是不同的，这是我们在这项研究中得出的最重要的结论。在项目监督上的花费可以得到不同的援助效果，而在失败国家援助常常失败，如果你将两件事情放在一起思考，援助机构该如何运作就

第七章 援助可以拯救他们吗？

显而易见了。监督是需要花钱的，这个钱来自援助机构的行政预算。这表明，当援助机构在失败国家开展项目的时候，它们应该在预算中把行政费用与实际拨款的比例定得高一些。当然，各个机构面临着降低行政费用与实际拨款比例的压力，因为这个比例有时候会被用来衡量机构的运行效率。但是这个要求有些本末倒置。要提高效率，援助机构应该在管理上投入更多而不是更少的资金。不能正确衡量官僚机构的业绩表现，也是一个普遍存在的问题。援助机构鼓励低风险、减少行政管理需求的业务，可这样的做法恰恰与应对未来发展挑战所需要做的事情背道而驰。

  我希望在失败国家看到对另一种方法的尝试，即成立所谓的"独立服务机构"。这个想法是说，在小学教育与医疗诊所等基本社会服务完全缺位的国家，政府、民间团体与捐赠者可以共同建立一个独立于政府的系统，通过这个系统来支配公共资金。这个系统应该具备以下几个主要特点：民间团体可以对资金的使用状况进行高强度的监督；提供竞争性的服务机构，包括公共机构、私人机构与非政府组织；持续地评估哪些机构提供的服务最为高效。该机构将会是一个批量购买基本服务的组织，有些服务从当地政府购买，有些从非政府组织购买，有些从教会购买，还有些从私营机构购买。这样不仅可以为建造学校与诊所提供资金，同时还可以为其日常运营提供支持。一旦建立了一个由政府、民间组织与捐赠者共同管理的组织，捐赠者与政府均可通过这个组织使用资金。如果资金状况良好，捐赠者就会提高捐赠的数量。如果运转情况恶化，捐赠的资金就会被切断。尽管不是所有的失败国家的政府都能接受这样的模式，但总有一些会愿意。这种模式还没有国家尝试过，但我可以讲一个例子，它在短时间内实现了一半的目标。这个例子就是乍得到喀麦隆的石油管道事件，它一度轰动一时，因为非政府组织担心，石油收入一旦落到乍得政府的手里，并不会被善加利用。它们担心得没错。事实上，大量资源收入的涌入非但不会解决乍得所面临的问题，反而可能使其更加恶化。乍得解决这个问题的办法是成立了一个民间监督机构，即所谓的石油收入监督管理委员会（Collège de Contrôle et de Surveillance des Ressources Pétrolières）。石油收入都需要汇入该委员会控制的一个账户，所有支出都需要该委员会的批准。国家立法将这些支出限制在医疗和教育等公共事务上。这项制度实行了几个月之后，就被乍得政府修改了。这证明这项制度基本是行之有效的，原因并不奇怪：乍得政府把"安全"而非医疗和教育放在了第一位，优先为军队提供资金。委员会显然有效限制了政府将石油收入用在军队上；否则为什么要经历修改法律所带来的尴尬与惩罚呢？所以，我们可以将乍得—喀麦隆输油管线委员会看作第一个独立服务机构。矛盾的是，虽然这个想法只在控制石油收入上尝试过，但是它更适合用于援助。原因在于我们在其他情况下提到的时间一致性问题。乍得政府所做的一项交易就很不幸地存在时间一致性问题。在这项交易中，乍得政府将通过一项法律，建立这个委员会；而作为回报，石油公司将投入 42 亿美元用于石油开采。你可以想一想，法律与投资哪个更容易被推翻？你想明白了这个问题，就能弄懂

第七章　援助可以拯救他们吗？

时间一致性的问题，就能明白如果将石油换成援助，便不会存在这样的问题。有了援助，你并不需要花费 42 亿美元才能启动项目。援助的资金流可以被随时截断，而石油一旦开始开采，就很难停下来。因为政府知道这一点，所以就没有理由去撕毁这笔交易。那么独立服务机构有什么弊端吗？弊端就是你需要重新开始，而不是一步一步从体制内对政府机构进行改革，所以这样的办法只有在情况很糟糕、无法用渐进手段推动改革的时候才适用。所以，我要澄清的是，我并不希望这样的机构遍及最底层那 10 亿人的国家。我希望在情况最糟糕的时候，可以把它作为一个选项；选择这个选项的前提条件是，如果不这样做，我们就得等很久才能看到显著的改变。我称它们为独立服务机构是有原因的——许多政府已经设立了所谓的独立收入机构，其职能主要是增加税收。这些职能之所以从传统的行政部门被剥离出去，和我想把基本公共服务从传统行政部门中剥离出去的原因是一样的——从现实来讲，传统的体制是行不通的。那么为什么政府在提高税收方面会选择如此激进的方案，在公共服务方面却不激进呢？答案令人沮丧：税收惠及政府，而基础公共服务惠及老百姓。政府不想让传统的体制继续破坏税收，是因为政府本身是受害者；它们不改革基础公共服务，是因为执政精英可以由其他方式获得这些服务。

援助与边缘化

在第六章中，我提到全球化实际上让最底层那 10 亿人的处境更艰难了。中国和印度经济的发展让出口越来越难走向多样化；全球经济的一体化使资本外逃变得越发容易；贫富差距的扩大让移民更有吸引力了，而随着最底层的10亿人中的侨民在西方世界成功落脚，移民也变得更可行了。因此，即使一些国家逃出了陷阱，也可能会发现自己陷入了某种困境，无法复制20年前穷国取得的成功。援助要如何解决这种边缘化问题？

对于援助，我们主要担心的是它会阻碍新的出口商品打入全球市场。这是我在第三章提到的"荷兰病"所导致的。援助与自然资源收入相仿，往往会让其他出口产品失去竞争力。国际货币基金组织对这个问题的存在有着强烈的共识。该组织现任首席经济学家拉古拉姆·拉詹（Raghuram Rajan），一位芝加哥大学商学院的睿智学者，在2005年6月的八国集团峰会前夕，对援助进行了严厉的公开批评。他的批评上了《金融时报》（Financial Times）的头版头条。他的研究表明，援助往往会拖累劳动密集型出口活动的成长，而这些活动恰恰是最底层那10亿人在出口多样性上最为需要的。因此，对于这个问题，我们不能充耳不闻，必须直面它。幸运的是，有相当多的办法可以解决这个问题。

首先，援助可以用于帮助出口部门，例如，用来改善港口的基础设施。即使在援助过程中会造成"荷兰病"，一旦港口设施得到改善，援助规模缩小，"荷兰病"就不会进一步恶化，只会留下一个更为完善的港口。这些国家所需要的是毕其功于一役的大手笔援助推动，并且这样的援助应该逐个国家推进。它的目的是显著降低潜在的出口商所要付出的成本。不

第七章　援助可以拯救他们吗？

过，试图在所有地方推行这样的援助是没有意义的。内陆国家与资源丰富的国家很有可能被排除，想要通过援助资金来让它们参与其中是不可行的。那些资源匮乏的沿海国家，如果治理与政策状况都很差，就也应该被淘汰（尽管前文介绍的孟加拉国的援助经验表明，治理不善不一定会扼杀出口活动）。如果在最底层的10亿人中，有那么几个沿海的经济体真的开始在国际市场崭露头角，这对它们来说会是不小的鼓舞。能取得开拓性的成功，就代表着合理运用了援助资金，因为它能起到示范作用。而且要记住，沿海国家得先表现得很好才行，否则内陆国家就不会有什么机会。通过大力援助推动出口有着很高的风险，因为事前根本无法预测结果。但在我看来，这样的冒险是值得的；然而，就像其他存在风险的援助一样，在目前援助机构的激励措施之下，这样的援助根本不会进行。将援助在几年之内集中在少数几个国家，并将重点放在出口增长的战略上，这样做打破了太多的规则——不仅是我们讨论过的关于谨慎的规则，同时还打破了有关公平分享的规则。援助机构会遵循两种有关公平分享的规则，其中一种规则是针对国家的：让一个国家相比于另一个国家拥有援助的优先权是很难的，哪怕这种优先权是暂时的。虽然说，如果克鲁格曼与韦纳布尔斯关于集聚经济的论述是正确的，那么这种暂时的集中援助就可能是有效的援助手段，可以用来解释这种优先性，但它依然违反了这一规则。另外一种关于公平分享的规则也许更难克服：机构内部资源之间的公平分享。每一所援助机构都被划分到不同的援助领域——农村发展、教育、卫生等。试图让一个援助机构将资源集中在出口增长的战略上,便会与机构既有的利益分配产生冲突。可以想见,如果要增加对于某个国家的援助,农村发展部门就会为它的援助份额进行游说,不管这对出口增长是否重要,教育部门、卫生部门和所有其他部门也是如此。在官僚机构中,援助支出意味着工作、晋升与成功;在实践中,工作人员也是这样衡量自己工作成果的。因此,目前的援助制度是为渐进主义——这里多一点预算,那里多一点预算——而不是为结构改革而设计的。然而,我们知道,渐进主义是注定要失败的,因为增加援助的回报越来越少了。这样的局面如果持续下去,产生的回报可能会更为有限。要促进各国的结构性改革,就需要首先对援助机构进行结构性改革。

为了克服"荷兰病",我们还可以做些什么呢?援助可以用于需要大量进口物品的项目上。援助自然会增加进口商品的供应,但只要换一种使用资金的方式,援助就同样可以增加对于进口的需求。技术援助有着一个优势:援助会被直接用于进口先进技术,所以并不会引起"荷兰病"。相比较于教育援助,基础设施援助可以带来更多的进口,造成的"荷兰病"也就轻得多,毕竟一分钱一分货。

总的来说,援助的不利影响在一定程度上可以通过改变贸易政策来抵消,我会在第十章讨论这个问题。

援助是问题的一部分,还是解决方案的一部分

右派人士对于援助的一种诟病在于,援助最终进入了瑞士

第七章 援助可以拯救他们吗?

银行账户。有时候确实是这样,有很多记录完备的案例可以证明。但这是普遍状况吗?援助是否像资助军队支出一样资助了资本外逃?归根结底,这是一个经验性的问题,而不是事关意识形态的原则性问题。我们很容易想到援助可能被当作资本外逃的手段,比如说总统把援助据为己有。不过也有办法可以让援助减少资本外逃。你得稍微动点脑筋,我们很容易想象总统把钱装进自己的钱包里,但这里面还有另一种机制。援助可以改善私人投资的机会,改变资本流动的方向,让原本会外逃的资本被投资到国内。这显然是很有可能的。问题是,从经验上看,哪种情况发生得更普遍?

为了研究这个问题,我再次与安克和凯茜展开了合作。我们曾两度合作研究资本外逃的问题。现在我们知道了可以通过控制双向因果关系来解释援助所带来的影响。(我要指出的是,现阶段我们的研究已经由专业期刊的匿名审稿人审阅过了,审稿人在评论中对我们大加鼓励,我们可以继续对研究进行修改,但它还没有公开发表。)我们研究的结果表明,援助显著降低了资本外逃的程度。这使我们感到非常惊讶,可能是因为总统中饱私囊的形象过于深入人心。事实上,援助似乎能吸引更多的私人投资,因此它有助于将资本留在国内。然而,对于最底层那10亿人所面临的问题,援助并不是唯一的答案。近年来,援助的作用被过誉了,部分是因为这是西方世界最容易做的事情;部分原因是它满足了围绕着原罪和赎罪原则而建立起来的道德规范。左派过分强调援助,理所当然就遭到了右派的反击。援助确实存在严重的问题,尤其是有很大的局限性。单纯依靠援助并不能让最底层那10亿人的社会发生转型；但援助是解决方案的一部分，而不是问题本身的一部分。我们所面临的挑战是，在援助达成的效果之外，如何借助其他行动来补充它。

第八章
军事干涉

在伊拉克战争之后,军事干涉就很难获得民众的支持了。对我来说,这是全书最难写的一章,因为我想说服读者,要帮助最底层那10亿人的社会,外部军事干涉有着重要作用。至于这些国家自身的军事力量,它在更多的时候是问题的一部分,无法替代外部力量。

外部力量能够做什么

在大约1990年之前,国际对于失败国家的军事干涉只是冷战的延伸。苏联通过古巴武装了安哥拉政府;美国通过南非武装了安哥拉的叛乱组织"争取安哥拉彻底独立全国联盟"。当然,这些干涉并没有帮助安哥拉。到了冷战结束之后,军事干涉才开始考虑其他因素。20世纪90年代的军事干预开了一个好头——将伊拉克侵略者从科威特驱逐出去是新国际主义的胜利。保卫科威特是一个相当明确的国际干涉案例，成功驱逐了侵略者。除此之外，外部的军事干涉还有三个重要作用：恢复秩序、维持冲突后的和平与防止政变发生。

秩序的恢复

在科威特之后，又出现了一种我认为明显需要干涉的情况：在一个崩溃的国家恢复秩序。彻底崩溃的情况十分少见，但的确会发生。索马里就是如此。之所以说索马里的状况非常明确，是因为让索马里这样幅员辽阔的国家保持无政府状态是不负责任的。美国也这么认为，所以派出了部队执行"恢复希望行动"（Operation Restore Hope）。

也许是因为在科威特取得的巨大成功令美军变得过分自信，也许是因为遭到了政客的反对，无论如何，这场被媒体密切关注的军事干涉姿态十分狂妄：美军进入索马里的行动居然被推迟了24小时，为的是让摄影团队先于军队在索马里登陆。也许这场军事干涉规模有限，不足以应对它所面临的安全问题；但考虑到媒体的关注度，电视屏幕上反复报道18名美军战士阵亡，这注定了干涉的失败。不要误解我的意思：维持和平的士兵阵亡是非常糟糕的，一个国家将部队派驻到这样危险的地方值得赞许。但这正是现代军队存在的意义：为一片可能成为地狱的地区带来和平这种全球公共产品。有时，士兵会以身殉职，他们是值得尊敬的英雄；但是军队不可能有一点点风险便无法有效发挥作用。总之，本来可能是针对美国总统策划的一场巨大的媒体政变，到1993年的10月已演变成了媒体的噩梦。

第八章 军事干涉　　　　　　　　　　　　　　　　　　　　169

美军被迫迅速撤离了索马里。当然，考虑到这是第一次海湾战争之后，美国仅以18人死亡的代价撤出索马里的结果看起来就更加诡异了，但事实就是如此。

干预索马里的结果很惨：12年后，这里仍然没有能够正常运作的政府。到1995年，已有大约30万人死亡，这还没有算上由于持续的冲突以及崩溃的卫生系统而造成的死亡人数。但是撤军造成的最具毁灭性的结果并不是在索马里发生的这些，而是从干涉索马里这件事得到的教训：永远不要干涉。

只消几个月的时间，事实就证明了上述的教训是多么严重的错误。我们知道，1994年爆发了卢旺达大屠杀。我们不希望出现第二个索马里，再有18名美军士兵被杀害，于是我们在卢旺达看到了什么？在那里，50万人遭到屠戮，可它原本是完全可以避免的，之所以发生这样的事情，就是因为没有足够的国际干预。一些人无法想象，50万卢旺达人被屠杀会比18名美军士兵牺牲要好。这一章就是为这些人而写的。不过，还存在其他因素需要我们考虑：内战带来的恶果会以流行病、恐怖主义与毒品的形式蔓延到富裕世界。富裕世界的公民会因为最底层那10亿人所造成的混乱而身亡。我们要做出选择，是让普通公民作为外溢效应的受害者死去，还是作为志愿恢复秩序的士兵牺牲。索马里的问题也外溢到了其他地方。由于持续的骚乱，索马里的年轻男性纷纷逃往发达国家。在2005年的7月，一名在英国寻求政治避难的索马里人在他的背包里装满了爆炸物，试图在伦敦地铁上炸死乘客。在2005年11月，一群索马里帮派分子在英国布拉德福德的一起银行抢劫案中杀

126

害了一名女警。我有一个年幼的儿子,我不希望他长大之后成为维和士兵,暴露在危险之中。但我也不想让他面临在伦敦粉身碎骨的风险,或者在布拉德福德被某个失败国家的流亡者枪杀。我也不希望他暴露于疾病的风险之中。索马里是全世界最后杜绝天花病毒的地方。在索马里崩溃的几年前,来自国际社会的卫生干预消灭了这里的天花。如果当时索马里的状况和今天一样,消灭天花就难于登天。如果索马里这个国家没有维持那么久,我们就仍会生存在一个存在天花的世界里。总的来说,我认为如果我们通过恢复秩序的方式解决失败国家的问题,而不是依靠无数被动的防御性措施,我的孩子乃至每个人的孩子就会拥有一个更加安全的未来。

维持冲突之后的和平

在卢旺达大屠杀之后,军事干涉回到了人们的视野之中,它有了一个新的角色:维持冲突结束之后的和平。这要碰运气:有些地方拥有许多维和部队,有些地方没有。东帝汶是世界上外国维和人员占当地人口比例最高的地方。我在那里遇到了一名来自冈比亚(非洲最小与最为贫困的国家之一)的维和人员。我向他询问东帝汶的局势,他告诉我,那里的局势非常糟糕,他说"这里的人真的很穷"。他想得没错,那里的人确实很穷。后来,我见到了那里的外交人员,问他们为什么这个国家拥有这么多维和人员。我得到的答案大约概括了外国军事干涉的问题:因为这里非常安全。各国政府每派遣一名士兵担任一个月的联合国维和人员,就可以得到1,000美元的报酬。对

第八章 军事干涉

于一些国家的军队来说，这不失为一种生财之道。于是，首先要确保的就是不要让士兵被害，所以东帝汶是一个理想的环境；而像刚果民主共和国那样危险的地方则没有什么吸引力。即便将部队送往危险的地区，他们也会明哲保身。最著名的例子发生在1995年波斯尼亚的斯雷布雷尼察（Srebrenica）附近，荷兰军队本应提供一个安全的避难所，却未能保护惊恐万分的难民，结果难民遭到了屠杀。荷兰人似乎并没有从中汲取教训——2004年，利比里亚的局势日益令人担忧，该国的状况近年来一直在周期性地恶化；当时，荷兰人派出了一艘海军军舰，却同时做出指示，如果冲突升级就驶离该国。另一个能揭示问题的案例是联合国部署在塞拉利昂的散漫维和部队。2000年，革命联合阵线（Revolutionary United Front）将其中的500人扣为人质，并夺走了他们的军事装备。革命联合阵线的战斗力很强吗？显然不是——几个月后，几百名英军赶到，他们不怕牺牲，整个叛乱武装迅速崩溃。联合国军队之所以这么容易成为目标，是因为革命联合阵线知道他们根本不会抵抗。他们拿着枪，就像游客炫耀自己的珠宝一样。

虽然说了这么多不要进行军事干预的例子，但上文提到的英国在塞拉利昂组织的干预行动——帕利泽行动（Operation Palliser）就取得了巨大的成功，取缔了革命联合阵线，实现并维持了该地区的安全。整个行动的成本低得惊人。我想不出有其他的方式可以恢复与维持塞拉利昂的和平。安克·赫夫勒与我试图分析这次行动的成本与效益。调查过程很轻松——我仅仅需要致电英国外交部，他们就会知无不言。更为困难的部分是预估干预所带来的效益。毕竟，自从英国军队建立了和平之后，塞拉利昂局势相对和平。当然，这才是问题的关键。如果没有英国军队，塞拉利昂有很大的概率发生更多惨剧。这种糟糕的事情发生的概率，是估算英国军队所得回报的关键。我们使用了我们的冲突模型来估计塞拉利昂重陷冲突的潜在风险——诚然这只是一个粗糙的近似值，因为我们套用的是一个典型的冲突后国家的模型，忽略了塞拉利昂的特殊性。但是为了估计冲突后的干预所带来的代表性回报，回避特殊性并不是坏事。然后，我们将避免冲突的概率与一场内战的通常成本相乘，估值约为 640 亿美元。我必须说一句，我不喜欢做这样的计算；我们的模型更适合用来计算哪种干预政策通常会奏效，而不是用来估计在特定情况下的风险。因为在所有状况下，都存在着许多会被模型省略的重要信息。值得一提的是，我们预估干预所带来的效益是其成本的 30 倍。有了这样的成本效益比，它在计算上离具备误导性有着相当大的容错空间。

"帕利泽行动"非常成功，英国军队可以为自己对塞拉利昂发展做出的贡献而感到骄傲。这次行动也为在最底层那 10 亿人的国家展开军事干涉做出了示范：低成本、自信同时具有持续性。其行动也受到了欢迎——塞拉利昂的人民的确非常感激。然而，这场行动却完全没有被庆祝。相反的是，每天出现在报纸头条的是关于伊拉克的消息。同索马里一样，伊拉克带给我们的显而易见的教训是永远不要干预。这不仅仅是民众的反应，内部人士亦然。2005 年 11 月，我应邀到布鲁塞尔面对一群专家演讲，房间里坐满了军队高层。当我宣传塞拉利昂的

第八章 军事干涉

成就时，他们的第一反应是"这些人要是在伊拉克早就被打得丢盔弃甲了"。不过，我们要记住的最重要的事是，当我们把脑袋深深埋到沙子里，对外界之事充耳不闻时，会发生什么：我们已经见证了卢旺达大屠杀。

所以我们需要军事干涉，但并不需要四处干涉。在最底层的10亿人国家中，更值得采取军事干预的地方不是伊拉克，而是塞拉利昂。让我们对比一下两种情况。在塞拉利昂，英国军队被政府邀请而来，受到了当地民众的热烈欢迎。在塞拉利昂，英国军队不会被指控是为了石油去的，因为那里没有石油。在塞拉利昂，英国军队不必担心"谁破坏谁修复"，因为那里实在没什么可以破坏的，我们用最小的损失赶走了革命联合阵线。在塞拉利昂，我们只需要不到1,000名正规士兵，就能实现彻底的军事变革。两者的差别似乎是显而易见的。

防止政变发生

富裕国家的军事力量不再在最底层那10亿人的国家扮演角色，这种说法在政治上是正确的。事实上，由于担心引发反殖民主义的情绪，法国人让自己陷入了一种奇怪的境地，在非洲维持了大规模的军事力量，却不敢使用。例如，在1999年，尽管法国有2,000名士兵驻扎在科特迪瓦，却坐视科特迪瓦的小型武装力量头目罗贝尔·盖伊（Robert Guéï）成功发动了反对合法政府的政变，为了让法国的武装力量按兵不动，政变领导人承诺在六个月内举行选举。于是，法国人决定放任政变成功——毕竟，政变的时间很短。显然，法国政府并没有意识到时间一致性的问题：有时候人有着巨大的动力去违背承诺。平心而论，政变领导人确实坚守了自己的承诺，举行了选举。但是他提名自己成为候选人，并禁止了该国最著名的两位政治领袖参选。正如你想象的那样，这样的选举并没有产生令人满意的结果，因此法国军队最终不得不进行干涉，防止叛乱组织夺取首都。但是，法国人并没有平息叛乱，也没有让双方达成妥协方案，而是画一条线，简单地将政府与叛军分开，这实质上造成了国家分裂。这种局面持续了几年，每一方都利用这段喘息时间准备卷土重来；后来政府军袭击了法国军队，因为他们将法国军队看作叛军的保护伞。

法国对于军事干预的犹豫，同样体现在欧盟新组建的快速反应部队的部署上。表面上，这支武装力量是为了应付非洲出现的紧急状况而部署的。但我怀疑它永远不会被这样部署。比如，这支部队从没有被部署在苏丹的达尔富尔地区。在那里，政府支持的民兵目前正在恐吓与屠杀该地区的人民。这支部队也没有被用于平息2005年8月在毛里塔尼亚发生的政变。这支部队的建立，让欧盟给人们造成一种印象——它们似乎在介入，正如法国在非洲的持续驻军制造了法国权威的假象一样；但是在事实上，这些部队是无能的，因为欧盟没有授权使用这支部队的环境。联合国拥有这样的力量，但是事实上，对于最底层那10亿人中的许多人身处的境遇，我们可以做得更好：我们可以求助于区域性的政治结盟。国家失败的成本大多由邻国承担——也就是说，国家的失败是区域性的灾难。所以，身处区域内的成员才会基于对切身利益的强烈关切而去救助它们。但是在非洲，没有一个国家真正拥有可以强行为失败的邻国恢复秩序的资源或者政治优势。所以欧盟拥有干预的力量与愿望，与受影响的地区利益攸关，行动才有合法性。这种情况为联合行动赋予了可能性：非洲联盟可以提供军事干预的政治权威，而欧洲快速反应部队可以成为任何武力干预的中坚力量。我举一个我想到的例子，对这个国家进行的干预几近成功，最终功亏一篑：多哥。

多哥被当作独裁者纳辛贝·埃亚德马（Gnassingbe Eyadema）的个人领地，他统治了38年。他的统治在经济上是毁灭性的，在政治上也令人窒息。他于2005年2月去世，他的儿子，福雷·纳辛贝（Faure Gnassingbé）宣布自己继任总统。在这个时刻，值得称赞的是，非洲联盟把这一事件视为政变，并坚持宪法程序。非洲联盟有足够的力量对付多哥，因此纳辛贝同意进行选举。那他胜选了吗？差一点儿。纳辛贝不仅决定参选，而且还要自己来负责选举。不出意料，他宣布自己赢得了选举；但如果他不怕麻烦去统计一下票数的话，他会发现自己其实输掉了选举。那么接下来应该怎么办？应该发生的事情是，一旦非盟宣布政变违宪，一支国际军事力量就应迅速抵达，并临时接管权力。这支部队真的不需要很多人。速度比规模更为重要。而欧盟现成就有这样一支部队。临时的军事干预可以监督选举的自由与公正。没有人可以指责这种干预是新殖民主义，因为国际部队不会试图殖民多哥。部队可能在那里驻扎四个月。然而像现在这样，全世界可能得等待很长一段时间，因为纳辛贝担任总统时才38岁，得等到他去世后才会出现继任者。

破坏了科特迪瓦稳定的政变，对于最底层的 10 亿人来说仍然是一个问题。之前讲过，驱使政变发生的因素与驱动叛乱的因素大致相同：贫穷与发展停滞。然而，让政变成为历史相对容易一些。我们只需要一个可靠军事保障来进行外部干预。显然，欧盟不会为最底层那 10 亿人的每个政权提供一张空头支票，但我们可以保障民主政府进行一场在国际监督下的自由、公正的选举。我将在关于国际准则的第十章中详细说明我们可能规定的条件。

国内的军事力量可以替代外部干预吗？

你可能很愿意接受这样的说法，在索马里这样的极端条件下，政权完全崩溃，存在外部干预的必要。但要让冲突后的局势维持稳定，降低政变的风险，为什么最底层那 10 亿人的政府不依靠自己的安全力量呢？因为在政府面临着最大风险的情况下，它们自己的军事力量非但不能解决问题，反而是问题的一部分。

通过武力换取和平？

在第二章中，我讨论了冲突后的国家可能再次陷入冲突的风险。这种风险是巨大的，而冲突后国家的政府也深知这一点。通常情况下，它们会做的是保持高额的军费开支——几乎和战争时期一样高。它们放弃获得和平红利的机会，认为这样做风险太大。这是一种自然的反应，你可以在现实中看到这样的情

第八章 军事干涉

况——高额的国内军费开支,是冲突后国家的典型特征。但这可能只是一种惯性。我好奇有没有可能要求政府通过评估内战的风险来规划军费水平。安克与我已经在军费开支的专门领域开展了研究,用以确定军费是否由援助提供,我在第七章已经讲过了。在第二章,我们模拟了内战的风险。现在我们将两者结合起来。可以确定的是,政府设定的军费水平,反映了它面临的内战风险。冲突后的政府在军费上的投入更多,主要是因为它们面临着异常高的战争风险。因此,我们决定阐明这样一个问题:冲突后政府这样高水平的军事支出,是否可以有效化解冲突的风险?这并不是一个容易回答的问题,因为那些支出最多的政府,显然面临着最大的风险。因此,除非军事支出完全有效,否则高支出只会与重燃战火相关联。换句话说,由于因果关系是从冲突到军费的支出,所以很难区分从军费的支出到冲突风险间的任何因果关系。我们认为我们已设法克服了这个问题,我们已经发表的研究表明,在冲突后的国家,高军费开支属于问题,不属于解决方案。高昂的军费开支大大增加了进一步冲突的可能性。冲突后国家的政府自然会试图保护自己,但这么做并没有效果。我们知道是什么出错了,这涉及时间不一致的问题。在冲突后的社会,双方缺乏互信。反叛武装所面临的问题更大,因为与反叛武装相比,政府在和平时期更容易维持它们的军队。因此,尽管政府有动力承诺达成包容性的和平协议,但随着时间的推移,遵守诺言的动力会越来越小。因此,叛军中肯定会有一些派别想趁着和平还是一种开放的选择时先发制人。政府的高额军费开支可能会无意中向叛军发出信号，政府确实会撕毁协议并通过镇压稳固权力。

我曾经与一大群沮丧的、来自冲突后国家的财政官员交流，我向他们提出了高额的军费很可能适得其反这样的观点。尽管军费开支这个话题往往是一个禁忌，但是在莫桑比克财政部部长路易莎·迪奥戈（Luisa Diogo）的带头下，一众官员纷纷表达了同意。后来成为莫桑比克总理的迪奥戈（2004—2010年在任）为我们举了她自己国家的例子。他们完全逆潮流而行，将军费消减到几乎为零，最后和平得以维持下来。事实证明，财政部部长们根本不喜欢庞大的军费预算，他们希望找到证据来支持他们分配开支的优先顺序，反对强大的军事游说集团的要求。

关键的问题是，在冲突后的国家，冲突一触即发。各国政府意识到了这些风险。最终，如果它们可以发展好经济，便可以将冲突的风险降低。但这需要大约十年的时间。由于没有政治上的锦囊妙计可以搁置冲突，所以政府在这段危险时期，不得不动用一些军事力量维持和平。但如果这样的军事力量来自国内，反而会让问题恶化。在典型的冲突后国家里，外部的军事力量需要长期存在。

大勒索

政变的一个明显特征是，大多由军方发动。我们对于政变以及军事支出的研究，非常直接地表明，政变成功之后，新任领导人会猛增军费。但是安克与我想知道，政府会不会因为发生政变的风险很高而试图收买军队？如果是这样的话，高额军费其实等于政府向军方交的保护费,我们称之为"大勒索"。因此,我们有一个明确的问题:政变的高风险是否会导致军事预算增加?这也不是一个容易回答的问题。我们的研究显示(这项研究是全新的,尚未发表),在最底层那10亿人的政府,这样的行为十分突出。在比最底层那10亿人的国家更加富裕的国家,发生政变的风险很小;即便政变的风险稍稍增加,军费预算也不会增长——事实上,如果军队开始惹麻烦,军费预算便会被削减。相比之下,在最底层那10亿人的国家,政变风险要高得多。来自军方的威胁,确实可能是这些国家的政府所面临的丧失权力的最大风险。而它们也付出了代价:更多的风险促使更多的资金进了军方的口袋。

如果我们是对的,那么最底层那10亿人的政府就陷入了一种窘境之中。它们确实受到了本国军队的威胁,在"大勒索的威胁"之下,它们只得借财消灾。尽管我说"它们"出了钱,但是在第七章我们曾提过,在最底层那10亿人中的许多国家,大约40%的军费是由援助在不知不觉中资助的。所以,事实上是西方的人付了这些钱。在最底层那10亿人的国家,军队在敲诈勒索,受害者是我们的援助项目。政变通常不是正常的政权更迭方式,这也是我们需要提供外部军事保障以防止政变的核心原因。但是我们或许可以记住,只要我们提供了军事保障,勒索问题便会消失。各国政府便可以把我们援助的资金用于发展,而不是用来支付敲诈勒索。

第九章
法律与章程

到目前为止,我们已经探讨了援助与军事干预。两者都可以发挥作用,但是使用它们的成本相当之高昂:前者需要金钱,而后者需要勇气:政治勇气,有时候更需要士兵的勇气。现在,我们将探讨一系列低成本高效率的干预措施。它们可以被分为两类:一类措施通过改变我们自己的法律,让最底层的10亿人受益;另一类则是制定国际规范,帮助引导这些国家表现得更好。

我们的法律,他们的问题

在第一章中我们提到过,最底层那10亿人的社会可能会成为罪犯、恐怖分子的避风港和疾病的温床。然而,荒唐的是,其中有些关系是相互的:富裕国家一直在为最底层那10亿人中的犯罪分子提供安全的避难所。

　　这种避难所的荒唐之处在于，西方银行接受了从最底层那10亿人的社会中掠夺来的存款，把它以极度保密的方式保管起来，并拒绝归还。许多西方国家都牵涉进了这种可耻的行为之中。2004年，美国华盛顿特区里格斯银行的丑闻被曝光，这家银行接纳了赤道几内亚总统的巨额存款，并为其写了一封谄媚肉麻的感谢信。此事一经曝光便被叫停，这家银行也进行了彻底整顿。而在2000年的英国，有人发现尼日利亚前军事独裁者萨尼·阿巴查（Sani Abacha）的家族明目张胆地在伦敦的银行存入了巨额现金，却无人过问。但是，在接受这类存款方面，首屈一指的国家可能还要数瑞士。阿巴查于1998年去世之前，也曾经在这里存款；还是在2000年左右，后阿巴查时代的尼日利亚政府想要追缴这笔存款，但瑞士人并没有真正配合。尽管一家瑞士法院最终裁定这笔钱属于尼日利亚政府，可瑞士司法部部长竟然拒绝归还。他应为他的所作所为感到羞愧！瑞士真的要靠这种方式才能谋生吗？

　　除了那些人尽皆知的案件，将腐败资金汇回本国的成本与繁复的手续，使得追索赃款变得难于登天。那么，我们是否可以改变这样的现状呢？如果我们要求银行汇报所有潜在的腐败存款，如果我们把冻结与归还这些存款的程序修改得更容易，我们的金融体系会蒙受严重的损害吗？我对此表示怀疑。要是有人怀疑这些资金与恐怖主义有关联，我们早就这样做了。西方世界目前关心的是恐怖主义，因此我们在遏制恐怖主义方面做了一些事情。最底层那10亿人存在的治理问题，并不会被认为是我们自身的问题，所以我们袖手旁观。这样的后果是，最底层那10亿人国家之中的腐败政客仍然将赃款存放在西方的银行。当然，大多数银行家都是正直的人。但是银行业有责任清剿这种行为，正如钻石公司戴比尔斯禁止使用冲突钻石一样。现在，只有少部分的银行家是靠吸收贪污而来的存款获利。我们找到了一个词来形容靠剥削别人获得不道德收入过活的人：皮条客。拉皮条的银行家并不比其他行业的皮条客好到哪里去。他们必须被赶出银行业，这主要是银行业自身的责任，因为银行家们掌握专业知识，这就像防范江湖郎中是医学界的责任一样。官方负责监管金融业的机构通常是央行。尽管中央银行与援助机构处在同一个政府的内部，但还是应该竭尽所能远离援助机构。例如，在政治上，援助机构的工作人员通常与政府中的左派保持一致，而中央银行的银行家们通常和政府中的右派站在一起。援助机构除了关注最底层的10亿人之外，几乎没有什么别的选择，它们无法逃避问题。但是中央银行的银行家们却对这个问题顾左右而言他，声称对此无能为力，他们优先考虑的事情在其他方面。无论如何，中央银行必须得将最底层那10亿人的问题列入议程之中。

问题并不限于银行业。直到最近，如果一家法国公司向最底层那10亿人国家的公职人员行贿，这笔钱是可以用来抵税的。从这个角度来说，法国的纳税人等于是在补贴贿款。当然，这种情况在法国国内行不通：如果一家法国公司被曝光向法国的政治人物行贿，它得到的可不会是一张减税单，而是司法调查的介入。世界上并非只有法国这样处理贿赂问题。但是，西

第九章　法律与章程

方国家的所有政府都不希望强迫本国企业老实办事，因为它们有理由担心，这样做会使其本国企业在竞争中处于不利地位。在最底层那10亿人的社会里，商业竞争非常激烈，企业总是通过贿赂获得回报丰厚的合同。这是一个协调问题的例子，研究博弈论的人称之为"囚徒困境"。如果我们的公司不向最底层那10亿人的政府行贿，我们会生活得更好；但更坏的结局是，一个国家的公司不再行贿，而其他国家的公司会马上补上去，继续行贿。所以在很长的一段时间里，我们深陷于贿赂的困境中无法自拔。

最终，在各方压力之下，经济合作与发展组织在1999年进行了必要的协调，以摆脱这种困境：成员国政府间达成了协议，通过立法，把贿赂外国公职人员定为犯罪行为。现在的问题是，这项立法得到贯彻执行了吗？同样，公司与国家层面的所有激励措施都是为了不引起麻烦。至少，贿赂不能再被用来抵税了。但是，将行贿伪装成某种服务的"便利费"是非常容易的。只有当公司内部的"检举者"有动机揭露真相时，法律才可以得到贯彻执行。在政府内部，这类工作由处理贸易与工业的部门负责，可这些部门认为自己的对外职责是推动出口，很难让它们去担心自己的行为会对最底层那10亿人的治理产生什么不良影响。它们和中央银行持有相同的态度，不认为这是它们自己的问题。

腐败都存在"震中"。我首先关注的是银行，因为大部分赃款都存在那里。所有行贿的公司之中，有两个行业的公司行贿很严重：资源开采业与建筑业。我要简单地谈一下如何处理资源开采业贿赂的问题。在2002年英国首相托尼·布莱尔发起"采掘业透明度行动计划"之后，这个问题便暴露在了公众的视野中。相比之下，建筑业的腐败仍然黑幕重重。透明国际希望这一问题得到更多人的关注，在《2005年全球腐败报告》中将建筑业的腐败放在了醒目的位置。建筑业具备所有有利于腐败发生的因素：每个项目都是一次性的，因此无法轻易估价。在执行的过程中，充满了各种不确定因素，制定出经济学家所谓的"完备合同"显然是不可能的。因此，逃避竞争性招标中原有的准则变得轻而易举。一家狡诈的建筑公司与政府官员沆瀣一气，以纸面上的低价中标，但是在施工的细枝末节上又重新签订合同，以此牟取暴利。我的一位朋友曾在最底层那10亿人的国家之一厄立特里亚担任财政部部长，他在任期间，该国的腐败水平降到了历史最低点。即便是这样，他还是意识到，他无力阻止建筑项目中的腐败行为，这将广泛地破坏政府的治理。他采取的最强硬的解决办法是，尽量减少建设支出，尽可能地否决项目。他并不愚蠢。目前有一项对于某些国家较为可信的研究，估算了建筑部门的腐败会在多大程度上提高基础设施建设成本、削弱经济增长。很显然，这类影响是巨大的。

为什么建筑行业的腐败对于最底层的10亿人来说格外重要？2005年7月在格伦伊格尔斯召开的八国集团峰会宣布，将援助增加一倍，而援助的重点就是基础设施建设。这一计划一旦实施，许多国家就会迎来建筑行业的大繁荣。在目前的状况下，这会让本来已经非常严重的治理不善导致的腐败问题变得更加棘手。被贪污的资金不仅仅是一种浪费。让我们回想一下自然资源陷阱。巨额的腐败资金很可能会腐化政治环境，使恩庇政治轻易地战胜廉洁的政治。援助基础设施建设是没错的，但我们首先要保证的是建立对应的建筑业反腐败准则和法规，并加以严格彻底的执行。建筑业的公司大部分来自发达国家，它们如何作为，取决于我们如何制定和执行法律。

为最底层的10亿人制定准则：
让国际标准与守则更具有针对性

引导大多数社会行为的是准则，不是法律。准则是自愿而有效的，因为它们会在他人的压力下得到巩固和执行。在过去的50年中，世界上产生了大量的准则，并被载入国际化标准与守则。而其中的大多数是被人们自愿遵守的，还有一些最终被赋予了法律效力，甚至因此削弱了国家主权。但这些准则主要是通过他人压力而不是法律惩罚来执行的。准则在推动治理变革方面能够发挥巨大的作用，如果想要见识一下这种作用，可以看看东欧过去十年的情况。最典型的是东欧国家在脱离了苏联控制之后，想把自己打造成市场经济的民主国家。它们有一个极具吸引力的现成选择：加入欧盟（1992年之前称为欧洲共同体）。但是欧盟有一套既定规则，即"共同体既存典章制度"，所有新成员都必须遵守这套规则。在十年间，东欧国家做出了巨大的努力，推动社会转变为市场经济的民主国家，以符合这些标准，获得成为欧盟成员的机会。这便是建立一套国际准则最惊人的力量。如果你想研究，为什么有些之前苏联的卫星国成功了，而另一些国家却成了失败国家，一个相当好的切入点就是地理因素。这些国家离欧盟国家的距离越远，加入欧盟的前景越不明朗，改革表现也就越差。最底层那10亿人的社会也需要一些准则，才能够产生类似于欧盟所带来的效应。

然而，最底层那10亿人的国家并非真的需要"共同体既存典章制度"之类的规则，因为这些规则是为西欧国家制定的。最底层那10亿人的国家需要适合其社会发展水平的社会准则，才能解决它们面临的问题。现成的标准与守则非常多，然而其中的大多数都适用于发达国家或者新兴的市场经济国家。最底层那10亿人的社会面临的问题是截然不同的，因此需要不同的规范。在这一章，我会谈谈什么样的准则对于它们来说才是真正重要的。在第五部分，我们会讲到如何让这些准则被它们接纳。我将提出五项国际性的章程——我认为这些准则可以帮助最底层那10亿人社会中的改革者获得推动改革的机会，并实现持续的变革。

自然资源收入章程

在第三章，我阐述了资源丰富国家的问题所在。要帮助这些社会里的改革者、使国家回归正轨，制定国际标准是我们最大的希望，而且回报丰厚。对于最底层那10亿人的国家来说，自然资源收入远远高于援助，却完全未被合理使用。如果我们可以提高资源收入的使用效率，至少提高到和援助的使用效率

第九章 法律与章程

相同的水平,就能产生巨大的正面影响。英国政府已经着手提出国际标准,在2002年发起了"采掘业透明度行动计划"。这是一个好的开头,但也仅仅是一个开始。那么一个更加完善的章程,应该囊括哪些内容?

让我们了解一下从地下未被发现的资源到可以被资源收入资助的基本公共服务这一整个流程。第一步是授予合同,将资源从地下采掘出来。这一步通常充满各种问题:公司用贿赂的方式获得合同,这些合同可以给公司与接受贿赂的政客带来大量利益,对国家来说却有害无益。因为美国获取信息比别的地区自由得多,塔夫茨大学的经济学家麦琪·麦克米兰(Maggie McMillan)设法获得了美国石油公司有关国际投资回报的数据。她发现,资源所在的国家治理水平越低,公司开采资源的回报率就越高。当然,那些公司会解释说这是风险补偿,这确实是一部分原因,但可能也反映了回报缺乏透明竞争。拍卖一处位于发达国家的油田,过程是透明的,这是国际资源开采章程的基本要求。因为拍卖程序很复杂,而且表面上透明的程序仍然可能夹带腐败,所以需要一份章程阐明有效拍卖程序的一些关键特征。

第二步是合同如何规定——特别是规定谁承担了何种风险。目前,通常是政府而不是公司承担价格风险。小国政府甚至缺乏管理乡村邮局的能力,面对周期性的经济繁荣与萧条更是疲于应对,所以制定合同的任务就交给了合同的另一方——财力雄厚的大型石油公司来完成。事情本不该如此。石油公司至少可以承担部分的价格风险——例如,以数年内的世界平均价格提供一定数量的石油作为担保,从而稳定部分石油收入的总体平衡。

第三步是将所有政府收入的支出变得透明化。这一直是"采掘业透明度行动计划"以及其前身"公布付款阵线"运动关注的重点。这是一个正确的开端。除非公民想知道政府收入从何而来,否则就几乎没有监督税金使用情况的动机。所有公司都必须纳入监督范围,特别是那些国家石油公司,它们有的是由政府直接控制的。此外,还需要一些诚实的经纪人,将各个公司流入政府的资金的信息整合成完整资料。例如,在安哥拉有34家外国石油公司以及1家国有国家石油公司。这项工作需要熟练的技能,才能保证每个公司提供的信息得到合理运用。显然,这项工作应该由世界银行或者国际货币基金组织承担,这两个机构均具有相关的专业知识,而且伪造数据不会给它们带来好处。而这些经纪人只是作为一名会计,而不是一名警察,他要做的是将混乱的信息转化成公民可以了解、使用的信息。

第四步是政府公共支出的透明化。在资源丰富的国家,有效率的公共开支是发展的重要途径,而如果这项过程不透明,预期的目标便无法实现。我们总是期待公共支出能够透明化,尤其在资源丰富的国家,公共开支透明度更是至关重要。因此,有必要制定有关透明度的最低标准。我会在下文谈到预算章程的时候详细阐释这一点。

第五步是建立一套规则,在国家面临收入震荡的时候用于稳定公共支出。自然资源收入震荡的历史是一部相当悲惨的历

第九章 法律与章程

史：繁荣往往是危机的前奏。令人吃惊的是，尽管国际货币基金组织在治理与预防危机方面发挥着核心作用，却尚未就如何管理资源收入的波动提出哪怕是简单的指导方案。事实上，很难提出完美的指导方案，方案的具体细节会很复杂。但是一项准则不见得要非常复杂才能改善过去的情况。目前，资源丰富的国家不得不拿出自己临时制定的制度，这些制度都不大相同。通常这些项目都是某些锐意改革的部长的宠儿，他们离任之后，这些制度就被放弃了。一个国际标准的存在将让这些灵活的改革安排变得更加容易引入，更难被取消。保证这些灵活的改革措施不受到经济震荡的影响是非常重要的，这是一个中期的战略，同时也可以为后代积累金融资产。挪威大概是世界上最富有的国家，它将部分石油收入存放到了"下一代基金"中，最底层那10亿人的一些国家也试图模仿这样的做法。这种做法于挪威来说也许不错，因为它有充沛的资本；但是对于最底层那10亿人的社会来说，这个举措却相当值得怀疑，因为它们极度缺乏资本。它们需要学习怎样在国内做好投资，而不是如何将资金投入美国股市。在低收入国家，"下一代基金"甚至会带来政治风险：随着资金不断积累，它对民粹主义来说会成为巨大的诱惑。因此，"下一代基金"很难留给未来的某一代人；更有可能发生的是一个审慎的政府建立了这些基金，结果钱落到了草率的政府手上，于是被挥霍一空。可悲的是，这样的事情到现在还在重演。

如果发起了这样一个章程，它会起作用吗？我在访问东帝汶的时候，才第一次确信有必要制定章程。印度尼西亚人最近撤出了东帝汶，新的政府还没有被选举出来。此前，有一小群流亡者从葡萄牙回到东帝汶，组建了临时政府，此时却计划急流勇退，因为东帝汶马上就要获得大量的石油和天然气收入。这些前流亡者明白这些收入管理起来很困难，而他们对收入管理一无所知——他们做了一些尝试，想找到处理这些收入的方式。如果这个时候有一种国际章程阐明了某种模式，他们很可能就会采用这种模式，然后将注意力转移到冲突后政府需要关注的其他大量事务上。但是当时并没有这样的章程存在。于是，他们在寻找处理资源收入的模式时采取了两条合理的标准。第一条标准是这个模式必须来自产油国，这条标准很难反驳；第二条标准是，这个模式必须来自讲葡萄牙语的国家，这样他们才可以充分理解标准。这似乎也有一定的逻辑——只不过，当你把这两条标准放在一起时，你能想到的就是安哥拉了。他们派了一个团队去安哥拉，学习如何管理石油收入——这么做就像是派人去妓院学习如何保持贞洁。幸运的是，他们并没有采用安哥拉的模式，转而学起了挪威。这一事件让我相信，制定一个章程是有用的。

事实也证明了这一点。英国政府在2002年发起的"采掘业透明度行动计划"就是一项章程的雏形，它已经取得了一定的成效。除了尼日利亚政府的改革团队之外，东帝汶以及几个西非国家的政府都采纳了这一章程。记得我参加过一次西非国家的部长会议，会上讨论了石油收入的管理问题。那些对透明度明显不感兴趣的代表团静静坐在那里，也许希望非洲人一致对外的心理能保护他们。但这种情况并没有发生。其他几个非

第九章 法律与章程

洲代表团希望改革和提高收入的透明度。随后,一些顽固的政府马上就是否要遵守章程展开了激烈的内部辩论。显然,即使是最糟糕的政府,内部也存在着一些希望变革的声音。这没什么稀奇的,有人希望天上不断掉馅饼,就有人希望变革。可如果没有这类国际章程的刺激,你能想象这样的情况会发生吗?这种他人的压力是国际标准可能被接纳的原因之一:在最底层那10亿人的国家里,改革者偶尔也会掌握权力,此时他们就可以把握时机采纳国际标准,之后的政府再想放弃这些标准就会惹来政治上的麻烦。随着越来越多的国家采纳这些标准,起初拒绝的国家便会承受越来越大的压力,因为这样的行为会被视为是在纵容腐败。

接纳国际标准的主要阻力来自最底层那10亿人社会的内部,特别是来自公民社会。国际章程可以为人们提供一些非常具体的要求:政府要么采纳这项章程,要么给出不采纳的理由。在最底层的10亿人中,所有社会都潜藏着反对不良治理的巨大力量;但是要想把这些潜在的反对力量转化为有效的动力,是非常困难的。即使在最好的情况之下,这样的压力也是一种公共产品,因此也受制于"搭便车"问题——"何必自寻烦恼呢,让那些愿意当出头鸟的人去干吧"。当然,在很多社会,接纳国际标准既需要勇气,也需要努力。更重要的是,因为改革很复杂,人们对于什么需要做、什么不需要做一定会产生意料之中的分歧,但是这样的分歧往往会分化与消解改革派的反对意见,且往往会堕落为对领导权的争夺:支持别人的主张常常会被视为承认对方的领导、放弃自己的主张。在恶棍独揽大权的地方，他们的势力不可小觑。他们不仅拥有资金，还精通制造分歧与统治的权谋，会积极制造与扩大分歧。而国际标准可以在不让渡领导权的情况下，为所有反对派提供协调所需的原则。

清理资源收入的第三个关键是对采掘业的跨国公司施压。对于这个问题，我们可以借鉴戴比尔斯公司及其钻石认证的金伯利进程的经验。多年来，戴比尔斯公司始终否认存在冲突钻石的问题。后来，来自非政府组织的压力让公司意识到仅仅否认问题的存在是行不通的：如果冲突钻石的印象在消费者脑海里扎根，钻石产业就会走上皮草业的老路，变得和它一样臭名昭著。值得称道的是，戴比尔斯彻底改变了对待冲突钻石的态度。该公司推出了一项认证计划，并努力让这项工作变得卓有成效。例如，它推广了一项新的智能卡技术，这项技术可以让私人采矿者从河床中挖出来的冲积矿钻石更难被走私。随着认证变得越发有效，钻石带来的收入慢慢进入了政府而非商人的账户里。一位专家告诉我，他认为冲积矿工目前只能得到相当于真实市场价格10%左右的收入。

戴比尔斯公司的例子表明，大公司可以成为问题解决方案的关键，而不是成为问题的一部分。适用于钻石行业的办法可能并不适用于石油行业，但从另一方面来说，石油行业更容易走向透明化，因为走私石油比走私钻石困难得多。"冲突石油"曾经在市面上存在过：在某个时期，大约价值10亿美元的石油是走私石油——那些石油是从尼日利亚三角洲地区偷来的。但是石油的来源可以借助石油中的某些微量成分检测出来，因此对石油产地进行认证是一种可行的方案。事实上，在尼日利

第九章　法律与章程

亚政府掌握追踪石油销售地点的方法后，它就把这一问题遏制住了。

然而，就整个行业的组织架构来说，石油业比钻石业更为复杂。戴比尔斯公司之于钻石市场的重要性，远远超过了任何一家石油公司之于石油市场的重要性。英国石油公司曾试图以透明化的方式在安哥拉运作，然而安哥拉却威胁其余的33家石油公司：谁胆敢率先效仿英国石油公司，谁就会被赶出石油市场。于是没有一家公司敢跟着透明化。石油公司的行业竞争过于激烈，难以靠自发组织保持一致步调。在这一点上，西方公民社会应该发挥它的作用。布伦特斯帕尔（Brent Spar）是北海的一口油井，已经达到了生产寿命的极限。油井的所有者壳牌公司提出了一种可能会破坏环境的废弃手段。欧洲环保人士立刻予以回应，对壳牌公司的形象与销售造成了毁灭性的打击，迫使壳牌公司放弃了这个关闭油井的计划。起初，壳牌管理层想要坚持己见，但壳牌公司产品在德国的销量暴跌了30%，促使壳牌德国公司的经理不得不打破行规。这些抵制力量从何而来？好吧，这可能是潜移默化的效应，德国青少年在家庭汽车的后座上说："不，爸爸妈妈，不要去这家加油站——你没听说壳牌公司打算做什么吗？"父母可能认为还是避免争论的好，就听从了孩子的建议。布伦特斯帕尔的例子表明，西方普通人对于石油公司的看法至关重要。那些驰名企业斥巨资建立了自己的声誉，不会希望它毁于一旦。目前存在的问题是，我们选择施压的问题对最底层的10亿人来说并不是最重要的。这些公司在各自的环境政策与就业政策上承受了压力，可坦率地讲，这两方面都是无关紧要的。现在需要的是给治理政策施加压力。如果有这样一个按照上述五点制定出来的国际章程，非政府组织便可以要求跨国公司去遵守它。例如，一家公司在没有经过竞标的情况下签订了开采合同，就会受到谴责。我们甚至有可能要求石油公司公示旗下加油站所售汽油的产地。很明显，不同产地的石油会混在一起，但是消费者施压的目的是得知石油的来源，这会让石油产地不再是一个物理概念，而成为一个金融概念。如果有1,000桶来自安哥拉的石油进入了储油罐，那么从这个储油罐出来的1,000桶石油就可以被认定为来自安哥拉。如果消费者拒绝购买"来自"安哥拉的汽油，石油公司就不会愿意让真正来自安哥拉的石油进入储油罐。这样一来，安哥拉的石油会变得更加难以出售，除非打折；这会给安哥拉政府带来一种经济上的刺激，促进其石油产业的透明化。所以，我们可以把迫使壳牌公司清理布伦特斯帕尔油井的办法用于更有价值的事务中，使政府的石油收入更有效地用于发展。

146　　来自消费者的压力只对品牌口碑良好的公司有效，对另一些公司则不会奏效。

民主章程

自从苏联解体以来，民主政治的版图就在发展中国家之间迅速扩散。实际上，政治学家对此进行了衡量，采用了一种名叫"政体"的指数，用0到10分来评判国家的民主化程度。

第九章 法律与章程

在20世纪80年代，发展中国家的平均得分只有2分左右，现在的平均分是4.5分左右。然而，到目前为止，这种向民主政体的过渡绝大多数是以选举来定义的，这是不可避免的。即使在最不容乐观的最底层那10亿人的国家，比如在阿富汗，我们也可以用非常快的速度引入竞选制度。随着选举的前景逐渐变为现实，许多个人和团体都有动力参与选举政治，组建政党作为获取权力的手段。但请记住，仅仅有选举是不够的。竞选可能会让情况变得更糟，因为在争夺选票的过程中，恩庇政治往往比诚实的政治更占优势，想想富者生存的现实就知道了。

相比之下，制衡机制的引入则需要时间，而且制衡机制是政治上的孤儿：对于希望执政的党派而言，阻挠制衡机制的引入最为直接地关系到它们的利益。如果恩庇政治不再可行，整个统治阶层就会丢掉政权。选举能决定谁来执政，但是并不能决定权力如何被使用。由于选举与制衡的引入存在着时间差，因此直接的民主几乎不可避免地要经历一个阶段，在这个阶段，选举竞争面临的约束和制衡很少。真正的问题在于，这仅仅只是一个过渡阶段，还是会在以后变成永久的政体特征——这些国家是否会陷入对民主政治的拙劣模仿中？

为什么选举会在全世界遍地开花？选举的推广无疑证明了国际影响力特别是国际媒体的影响力的力量。选举是举世瞩目的事件，会被广泛报道。发展中国家的公民必定会将选举视作民主政体合法性的决定性特征。国际新闻报道不仅能传播一种可供当地民众效仿的模式，还可以让民众利用国际舆论压力。政治示威当中的许多横幅以英文书写，这表明西方国家被预设为这些抗议活动的观众。因此，西方世界传递的信息非常重要，但是迄今为止，这些意见几乎都只和选举有关。制衡是持续而复杂的——它们不是单一的事件——因此新闻价值要低得多。成熟的民主政体现在需要利用西方世界明显的影响力，鼓励那些仍没有看到民主曙光的地方迎接民主的到来。

由于经济增长本身会让居民的收入逐步增加，达到可以确保政治制衡稳固存在的水准，从而让政治制衡能够自我维持与自我完善；因此，促进制衡只需国际力量的暂时介入。20世纪90年代，竞选活动的浪潮曾席卷发展中国家，现在又可能席卷中东，是时候来一波建立政治约束机制的浪潮作为补充了。

与资源租金相仿，如果存在某种国际最低标准（类似于欧盟规定的最低标准），就会有益于建立有效的制衡机制。我先来谈谈关于媒体的规则，这是最为有效的监督形式。在最底层那10亿人的社会里，起关键作用的媒体可能是电台和日益重要的电视。秘鲁发生过一个戏剧性的罕见故事，就可以说明这一点。阿尔韦托·藤森（Alberto Fujimori）政府的腐败臭名昭著，秘密警察头子弗拉基米罗·蒙特西诺斯（Vladimiro Montesinos，后来被指控为所有腐败行为的帮凶）决定认真记录每一起腐败案件，以免弄混。现在，这些记录为政治腐败的量化研究提供了宝贵的数据，斯坦福商学院的约翰·麦克米兰（John McMillan）分析了这些记录。他的研究表明，藤森政府曾系统性地破坏所有制约他的制衡机制。它贿赂国会议员、法官、报纸编辑，还有电台和电视台的工作人员。无论有怎样的制衡机制，政府都会把它破坏掉。藤森集团支付的贿款金额可

第九章　法律与章程

以反映出每项制约因素在其心目中的重要性。站在我们的角度上，我们看到了一种令人毛骨悚然的不良政治环境，它告诉我们，在与腐败透顶的政府斗争时，什么才是最重要的。藤森政权在哪里花费了大笔贿款，那里便是我们最该关心的地方。因为宪法规定的监督机构，如议会和法院，已经被收买了，所以藤森政权没有花费巨资去腐蚀它们。报纸也被收买了，但出价也不高：一个月数千美元，而不是几百万。印着许多个0的支票被用在了收买电视台上。秘鲁一共有十家电视台，政府以每月近百万的价钱收买了它们。这笔钱买下了一份划算的合同——每天电视台播放的晚间新闻，都要先经过蒙特西诺斯的审查和必要的修改，然后才能播出。所以对于政府来说，电视新闻才是它需要掌控的重要约束力量。它这么做，是不是疑心太重了点儿？不，事实证明，政府是非常正确的。因为它只费心收买了九家最大的电视频道——它觉得没必要收买第十家，这个小型金融卫星频道只有一万人订阅观看。结果政府就是因此而垮台的：有人泄露了一段蒙特西诺斯贿赂法官的视频，这个频道把它播了出去。随后爆发了抗议活动，且不断升级，最终失控。所以在秘鲁，制约政府的关键是媒体，而在媒体之中，占据关键地位的是电视。我认为，在最底层那10亿人的大多数国家，电视媒体不大普及，不太可能成为关键的媒体，更有可能成为关键媒体的是广播。因此，在制衡措施中，我认为至关重要的是让电台不受政府垄断控制。运营一家广播电台的成本足够低，政府设置的准入门槛也不高，广播电台的数量很可能会非常多，以至于政府难以全部控制。

除了媒体,还有什么因素可以影响到民主呢?不同的地方,民主制度的设计截然不同,试图去制定一些所有民主国家都应该遵循的宏伟蓝图,是毫无意义的。因此,在另一层面,国际标准有助于遏制大规模的权力滥用,规范竞选活动筹集和运用竞选资金的方式。我在英国长大,英国对于竞选资金的筹集与使用均有非常严格的限制。我曾对美国的竞选资金管理感到惊讶,但这是在我关注到世界其他国家之前。即便先撇开最底层的10亿人不讨论,新兴民主国家的竞选开支也是十分惊人的。比如说俄罗斯,该国一场选举活动的花费是美国的四倍左右,尽管收入水平只有美国的十分之一。相对而言,这里的支出水平是美国的40倍。再看看尼日利亚,且不论总统选举,仅仅是竞选参议员,就要花费50万美元左右。开支如此庞大,难怪政治如此腐败。为了筹集这笔资金,候选人不惜卖房、四处奔波来借贷筹款;然后一旦当选,他们只有四年的时间用来收回投资。

在竞选期间,资金是如何被花费的呢?选民往往会被逐一贿赂,以换取其对特定政党的支持。透明国际研究了各种类型的贿赂:金钱、食物、衣物。所有这些显然都不利于让选民根据候选人的实际表现来做选择。虽然并不存在理想的选举资金筹措方式,但是我们一定都同意,公然贿赂选民是不可接受的。也许各国议会应该给捐款设置一定的上限,并要求政党的财务状况保持一定的透明度。也许这并不是一个非常雄心勃勃的提议,但它至少可以让竞选筹资的问题得到重视。

预算透明度章程

　　政府如何花钱，是其如何运作的核心。目前，最底层那10亿人的政府的开支状况往往十分糟糕。前文曾提到，对乍得卫生诊所支出情况的追踪显示，99%的资金都没有用在预定的目的上。对于这种失败，我们可以做一些事情来挽救。切实可行的监督与问责措施可以让情况大为改观，在这方面有一个令人鼓舞的案例。这个案例有两位主人公，其一是伊曼纽尔·杜慕西—穆特比勒（Emmanuel Tumusiime-Mutebile），他是乌干达现任中央银行行长，90年代中期曾任财政与计划部的常务秘书。其二是我之前的学生里特娃·雷尼卡（Ritva Reinikka），她为乌干达设计了一项追踪公共支出的研究（与在乍得所进行的调查相同），研究的结果令人相当沮丧：财政部发放给小学的资金，除了教师的工资之外，只有20%左右的资金真正发到了学校手里。在一些社会中，政府会试图压制这样的信息，但是在乌干达，杜慕西—穆特比勒非但没有压制信息，反而把它当作着手改变的契机。显然，加强自上而下的审计和审查制度是一种解决方案，此前政府已经开始了尝试，却没有收到良好的成效。于是，杜慕西—穆特比勒决定采取一种完全不同的方法：自下而上的审查。每次政府拨款后，都会通知当地媒体，同时政府也会向每所学校发放海报，海报会说明学校应该得到什么。杜慕西—穆特比勒是位实干家，他想知道这样的办法是否奏效，于是三年之后他又进行了跟踪调查。这次，发到学校手里的拨款从20%变成了90%。一项最前沿的统计学研究详细分析了这项实验,雷尼卡和她的同事雅各布·斯文森(Jakob Svensson)证明了媒体可以起到决定性的作用——在这个案例中,媒体指的是报纸的报道。监督可以将落实到学校的拨款从20%提高到90%,比一再增加援助有效多了。这并不是说监督与援助可以相互替代,而是说监督可以让政府支出变得更有效率,扩大援助规模也会变得更有价值。

2003年,恩戈齐·奥孔乔-伊韦阿拉(Ngozi Okonjo-Iweala,世贸组织现任总干事)担任尼日利亚财政部部长时,实践了杜慕西-穆特比勒公布预算的策略。她上任后的第一项措施就是逐月公布向各州提供的预算。在预算公布的第一天,报纸的销售量飙升:公众想知道自己的钱用在了哪儿。这样的情况以及她随后收到的死亡威胁,让她意识到这样的做法非常正确。

因此,有关预算程序的章程可以有效规范自下而上与自上而下的监督。还有第三种监督,可以说是横向审查:与同行进行比较。我第一次接触到这个为最底层的10亿人量身打造的严肃策略,是由一位年轻的尼日利亚学者查尔斯·索鲁杜(Charles Soludo)提出的。他当时是非洲经济委员会的一个初级顾问,现在是尼日利亚中央银行的改革派行长,刚刚被选为年度最佳行长。接下来,这个策略在一个被称为"非洲同行评审机制"的进程中浮出水面,即非洲国家效仿经济合作与发展组织的模式,自愿进行自我评估。这样的机制同样适用于国家内部,因为地方政府之间可以相互比较,进行排名。公共机构讨厌这样的排名,因为这样的排名会产生很大的压力,既来自落后同行内部带来的羞辱，也来自民众的愤怒。当然，业绩衡量标准可能会有误导性，但我们可以对标准加以完善。

这三个方向的审查都可以在事前与事后进行。事前的审查着眼于支出的授权，而事后的审查着重于跟踪调查等评估活动。最终，我们需要对支出的两个不同方面进行审查：支出的真实性与资金运用的效率。改革者通常关注的是真实性，然而效率可能更为重要；对效率的审查可能需要完全不同的技能。我认为这让这类审查更难执行。

预算审查的章程并不需要非常复杂，只需要阐明三个审查的方向、两个时间框架与两个标准。将审查机制引入最底层那10亿人的社会总是需要勇气的。拥有一份国际章程或许能降低一点门槛。

冲突后局势章程

对于最底层的 10 亿人来说，国际章程最可以大展身手的地方就是结束冲突局势，想想阿富汗、苏丹与布隆迪的情况就能明白。前文提到，尽管这样的局势一般是不良治理与政策导致的，但具有极高的可塑性，在这些地方推动变革是非常容易的。然而，冲突结束后的局势多种多样。一些国家的经济迅速增长并维持了和平，然而一些国家再次崩溃了。这种结果上的多样性是正常国家所未曾经历的，它本身便表明，制定一些标准可能是有益的——如果我们可以让最糟糕的地方更接近目前最好的地方，便会产生巨大的变化。标准不一定就得抽象，但是需要借鉴行之有效的既有经验。

一份冲突后局势的章程应该包括对捐赠方以及国际安全组织的行为指引。捐赠方应该承诺以十年为周期，而不仅仅是前几年风风火火，随后便虎头蛇尾。国际安全部队同样也应该做出长期的承诺。另一方面，冲突后的政府应该减少自身的军费开支——前文提到，它们庞大的军费开支很反常。它们应该维持一个透明的预算过程，防止公共权力转化成私人利益。冲突后的政府应该通过权力下放等方式与反对派分享权力。而且，它们应该迅速整理出相互冲突和混乱的财产索赔。这些必要的步骤可以在国际章程中加以规定。国际社会希望冲突后局势可以步入正轨，并为其投入了大量的资源。冲突后的政府通常高度依赖其他的国家，这是情有可原的，因此完全有理由让它们在最初十年里处于"试用期"状态，置之于一套规则的约束下，在冲突后国家实现不受约束的主权之前，让它接受一套确定最低可接受的规则的约束，并尽量缩短这个过程。

这部冲突后局势的章程，也应该借鉴真相与和解委员会的成功经验；在这类机构中，最引人瞩目的也许是在南非，但是在其他国家也有类似的机构。无论是报复性地追求胜利者的正义，还是一味地刻意遗忘，都是不可取的。国际规范可以提供一种急需的公正感，而在每个特定情况下，当程序是由掌权者临时制定的时候，通常就会缺乏这种公正感。有些冲突后的进程使其设法迅速划清了界限，起诉了双方的罪魁祸首，并尽可能将其余人纳入公共记录中。

值得注意的是，上述建议没有提到冲突后政策的一个方面：

与选举有关的方面。目前，冲突后政治态势的变化往往由选举主导，人们往往认为选举是重建和平的关键。如果情况的确如此，那么有关选举的规范就应该纳入冲突后局势的章程中。但是在实际中，选举真的如此重要吗？我、安克·赫夫勒还有蒙斯·索德博姆（Måns Söderbom）一起研究了这个问题，花大力气建了一个关于所有冲突后经验的数据集——这个数据集囊括了超过60个案例。之后，我们研究了选举的影响，以及它是否可能重燃战火（这是一项全新研究，所以还没有经过同行审议）。关于这一问题，学术界存在争议。在冲突后研究的领域有两个阵营，一方认为选举会让情势变好，另一方认为选举会让情势变差。双方都能提出特定的选举作为例子，这些例子让他们的观点看起来都合情合理，但他们不可能都正确；不仅不可能都正确，而且可能都错了。冲突后的十年间所进行的选举似乎转移了风险。在选举前一年，再次爆发冲突的风险之所以会急剧下降，也许是因为各党派都把精力投入到了竞选之中。在选举后一年，爆发冲突的风险就会急剧上升，大概是因为不管谁输掉了选举，都不愿接受这个结果，所以会转而去尝试其他手段。因此，虽然就各种原因而言选举是个好东西，但似乎并不能让社会变得更安全。它们解决问题的能力也许有点被夸大了。

投资章程

最底层的10亿人需要私人资本。尽管这个世界充斥着大量的私人资本，但最贫穷的国家非但无法吸引资本，而且在大量流失资本。前文提到，其中有一个关键问题是这些国家缺乏改革的信誉。信誉问题之所以如此重要，是因为投资会遇到前文一再提到的时间一致性问题。投资一旦落实，扭亏为盈的难度与成本远远比政策变化所要付出的成本高，因此投资者们才小心翼翼，担心政策虽然看起来具有吸引力，却无法维持。目前，对于致力于改革的政府来说，唯一的选择就是通过尽可能快速彻底的方式向外商表明自己属于哪一类政府，这是一种代价高昂且危险的策略。那么如果制定一个国际性的章程，是否比这种方法更好呢？

投资章程有什么作用？它可以规定一些简单的规则，政府对投资者应该遵守这些规则。许多国家政府已经通过国家内部的章程做到了这一点，但是这些章程因为存在本质的问题而缺乏可靠性。这些规则要对国内投资者与国外投资者一视同仁，否则会加剧资本外逃。从根本上来讲，这些章程会让政府无法采取没收资产的策略。

事实上，一个打算没收资产的政府可以有很多种选择——它不一定非要真的没收资产。它可以操纵税率、汇率和公共设施的收费价格。也就是说，它可以使用所有政府都会使用的政策工具，只不过是把这些工具集中用于某个领域，破坏某个公司或者行业。这肯定要涉及判断的问题，因此，要想让章程行之有效，就必须使其在本质上拥有一些它自己的仲裁体制。各国政府当然有自己的司法系统，但如果政府没收了投资者的资产，而投资者申诉的唯一途径却是政府拥有的法院，那就很难让投资者放心。有两项补充的解决方案可供选择：国际仲裁与投资者保险。国际仲裁不会侵犯主权。这么做只是承认：政府可能会发现，让自己必须在某个中立机构面前为自己的行为作辩护，而不是随意忽略自己的承诺，是非常有用的。如果政府存在严重的信誉问题，希望摆脱恶名，这样的机构就十分有用。仲裁同样也有局限性，因为即使仲裁员做出了有利于被征用公司的仲裁，政府也可以无视这项裁决。这时保险就可以发挥作用。在拥有大量海外投资的富裕国家，政府在很久之前就借助保险保护本国企业了。在美国，这个机构被称为海外私人投资公司，在英国则是出口信贷担保局。很明显，它们只对本国企业提供保障。最终，世界银行董事会成立了一家保险公司，可以为全球范围内的公司提供更多服务。它叫多边投资担保机构。如果一家公司曾向多边投资担保机构投保，那么当它的财产被没收时，多边投资担保机构便会为它偿付损失。这个机构会努力从违规的政府手中追回这笔钱，这往往需要数年的时间，不过公司自己就不需要为此操心了。最底层那10亿人的国家需要私人投资，所以需要解决投资者的风险问题，因此由世界银行这样的全球公共发展机构来提供这项服务是合情合理的。

  然而，多边投资担保机构存在着一个严重缺陷。这类机构只服务于外国的投资，这会导致两个主要问题。国内的投资者很重要——他们手中握着所有流失国外的资本，部分资本之所以流失，就是因为他们考量了风险因素；得把这些资本吸引回国。可多边投资担保机构只服务于外国投资者，这会破坏公平的竞争环境，政府经常被督促要为投资者提供这样的环境。如果你仔细想想，全球性的公共机构竟然偏袒外国投资者，而不是低收入国家的公民，这当然很荒唐。最近非洲的一个委员会提议，多边投资担保机构也应该服务于国内的投资者。

国际社会差一点就制定出了一个投资章程。20世纪90年代末，经济合作与发展组织提出了一项多边投资协定。该组织可能算不上颁布这类章程的理想机构，因为里面没有发展中国家的代表，很容易被认为它们只为富裕国家的利益服务。然而，考虑到全世界没有哪个机构有能力克服这种章程带来的搭便车问题，经济合作与发展组织草拟的章程绝对是零的突破——但最后确实只是零的突破而已。经合组织遭到了两个团体的反对。一方是最底层那10亿人之中由骗子与民粹主义者所掌控的政府，像伊迪·阿明、蒙博托·塞塞·塞科和罗伯特·穆加贝这类臭名昭著的领导人，借着把自己和国内真正想让国家发展的人混淆在一起的手段苟延残喘。而投资章程的全部意义就在于，新成立的改革政府能够以更小的代价与这些恶棍们划清界限。尽管肯定会有人反对，但是反对力量并非不可战胜；支持的力量虽不一定存在，但一旦出现，就能发挥决定性的影响。与发展相关的非政府组织曾游说反对多边投资协定，例如英国的慈善机构基督教援助组织最近游说反对非洲贸易与全球化，其原因基本相同：非政府组织误解了章程的内容，认为这是为了方便富国拉帮结派保护自己在穷国的投资；它们没有意识到，在最底层那10亿人的国家，根本就没有什么可以保护的资本——各种风险早已把投资者吓跑了。制定一份投资章程，还有世界贸易组织，可以让最底层那10亿人的政府不得不遵守自己所作出的承诺，这在经济学中叫作"承诺技术"。最底层的10亿人长期缺乏这种技术，由此产生的信誉问题阻碍了私人投资。如果不从根本上增加私人投资，正在改革的国家就无法达到中等收入国家的水平，只会停滞不前，且有可能再次落入某个陷阱。非政府组织认为，问题的源头在于贪得无厌的富人将自己的规则强加于弱小的穷人身上，幻想自己参与的是一场道德斗争，以此满足自己肤浅的正义感。但这只是它们臆想出来的，只会给它们想帮助的那些人帮倒忙，是有良心但没头脑的人才干得出来的事。

修订我们的法律，颁布国际章程：全球公共产品

修订我们的法律并颁布国际章程，这是一种全球公共产品。提供这些公共产品会面临重重问题，这么说其实有些夸张。全球公共产品严重供不应求，因为没有人有兴趣提供它。由于这些政策对每个人都有好处，就会产生搭便车的问题。因此，真正的问题不在于不知道做什么，而是着手去做。我会在第五部分再来谈论这个问题。

第十章
扭转边缘化的贸易政策

一般来说，我对富裕国家沉浸于发展带来的内疚这个事情不是很关心。我认为这是在矫情，转移了我们对实际问题的注意。最底层那10亿人面对的大多数问题，都不是富裕国家公民的责任。贫困只是经济调节失灵下的必然现象。不过，我还是要把一些问题的产生归咎于富裕国家的公民，他们必须为自己对贸易政策的无知，以及这种无知导致的后果负责。读这本书的你可能很了解贸易，但你只是少数人；总的来说，富裕国家的选民被严重误导了。以下便是这种误导造成的一个后果。

2004年秋，基督教援助组织（大概是英国最值得信赖的慈善机构）耗费巨资发起了一项活动，宣传最底层国家的贸易政策。这项活动打着"自由贸易：有些人热爱它"的口号，描绘了一位外形像猪的资本家骑在一个非洲农妇的身上。一个基督教慈善团体，竟然兜售这样的粗劣宣传，你可能会觉得有些奇怪。这也是研究当中一则有趣的插曲，但这种意识形态怪胎

第十章 扭转边缘化的贸易政策

不是我所要强调的重点。最关键的问题在于,这个活动传达的信息是完全错误的。非政府组织对贸易政策这一经济学领域的认知基本是一片空白。

2005年秋,基督教援助组织加大了宣传的力度——倡导贸易发展成了该组织最为关注的议题。该组织声称,非洲地区适度降低贸易壁垒的行为,给该地区造成了高达2,720亿美元的惊人损失。基督教援助的官网宣称,该组织委托了"一位计量经济学专家"做了估算工作,这个估算经过了一个学术专家小组的审核。我多少对此感到惊讶,于是向这个组织发了一封邮件,它们很快就把研究报告以及专家组成的情况发给了我。它们委托的专家是个年轻人,来自伦敦大学亚非学院,这个学院有着英国唯一坚定支持马克思主义的经济学系。我查了查谷歌学术,发现这位年轻人连一篇贸易相关的论文都没发表过,只是写了一篇谴责国际贸易政策的论文,还没有发表。后来,我发现他的论文被一家叫CEPR的机构发表了,于是松了口气。我当时以为,这个CEPR就是"经济政策研究中心"(Centre for Economic Policy Research)。这可能是英国最受尊敬的经济学智库。你首先得成为CEPR的研究员,才可以把自己写的东西以该智库的研究论文的形式发表出来,而且发表所需满足的标准非常之高。可是,我后来又发现,给这个年轻人发表论文的CEPR并不是那个国际知名的伦敦组织,而是美国的一个小机构,叫"经济与政策研究中心"(Center for Economic and Policy Research)。我倒不觉得这之中有任何刻意的歪曲,只是之前我被这个缩写误导了。而且,它毕竟是个"学术小组"。遗憾的是，这个"学术小组"是由作者自己挑选的两位人士组成的，他们在国际贸易研究领域毫无名气。所以，这个全英国最大的慈善活动，花了全国各地的基督徒捐赠的数千英镑；这些人把钱交给了他们觉得自己可以无条件信任的组织，结果这个活动就是基于这么一篇尚未发表的论文。我觉得得找人好好审一审这个论文。刚好我博士期间学的专业就是国际贸易，虽然我不会自诩专家，但至少我知道谁是这方面的专家。于是我把论文寄给了三位享誉世界的国际贸易专家：第一位是哥伦比亚大学教授贾格迪什·巴格沃蒂（Jagdish Bhagwati），联合国秘书长科菲·安南（Kofi Annan）的贸易顾问，可能是在世的最伟大的国际贸易专家；第二位是托尼·维纳布尔斯，我在第六章提到过他的研究，他是伦敦政治经济学院国际经济学教授，目前也是英国政府的援助机构国际发展部的首席经济学家；最后一位是诺丁汉大学教授戴维·格林纳威（David Greenaway），该校全球化中心的主任、《世界经济》杂志编辑。他们都认为，这篇论文有很大的误导性。最后，我们向《金融时报》发出联名信，提出了警告。

我不知道这算不算是一个有良心没头脑的直白案例。贸易政策通常都非常难以理解，基督教援助组织也许是没有做足功课。还有可能是有摆弄意识形态的人混进了它的宣传部门，就像 20 世纪 80 年代短暂发生于英国工党的事情一样。但在我听过的解释中，最让人难过的是一位贸易和工业部的专家说的，我就不提他是谁了。他的说法是："他们心里知道这就是一坨屎，不过这么做可以卖 T 恤衫赚钱。"截至我写这本书的时候，还无法判断谁需要为这样的状况负责——是糊涂的基督徒、潜伏其中摆弄意识形态的人，还是机构的营销主管？你得查阅该组织的网站，自行做判断。

另一位不便透露姓名的政府内部人士告诉我，政客们过于忌惮基督教援助组织，不敢提出反驳。他说，即将退休的国会议员、前国际发展大臣克莱尔·肖特（Clare Short）是唯一有胆量向这个组织叫板的人，但她已经离任了。所以，现实与我们从表面上看到的大为不同，无政府组织有权力而且不用负责任；之所以会这样，就是因为一般公众对贸易政策一无所知，相信基督教援助组织可以把事情办好。那么问题来了：一个负责任的非政府组织应该努力争取什么？

富裕国家的贸易政策是问题的一部分

众所周知，经合组织的贸易政策有一些站不住脚的地方。无论从经合组织国家的公民的角度还是从发展中国家的公民的角度来看，最经不起推敲的政策可能是农业的保护主义。我们浪费自己的钱来补贴农作物生产，等于对那些几乎没有其他选择的人关上了机会的大门。美国与欧盟的贸易代表共同提出，经合组织不应减少对这些产品的补贴，而应该让穷国从事其他活动，我个人认为它们做得太过分了：这已经不是为了自己的国家而撒谎这种正常的外交行为了，他们简直无耻到让人无法接受。美国南方的确有的选：棉花。那里棉农生活在世界上经济最富足的地区。可乍得的棉农呢？富国的贸易政策还有一个不正常的地方，就是增加关税。加工后材料的关税比未加工材料的关税高。这使得最底层的10亿人更难在出口原材料前对原材料进行加工，妨碍了出口多样化。这既伤害了我们，也给亟待发展却阻碍重重的国家增加了新的障碍。

这些都是政策缺乏一致性的例子。所谓政策缺乏一致性，就是指一项政策与另一项政策相冲突。提供援助的目的明明是促进发展，然而采取的贸易政策却会妨碍这一目标的达成，这种做法很愚蠢。之所以会出现这样的情况，是因为贸易政策是谈出来的。世界贸易组织（及其前身关税及贸易总协定）的本质是，如果我们的国家要降低贸易限制，那其他国家也得跟着降，我们才会让步。制定关贸总协定的时候，最底层的国家并没有参与，大多数甚至都不是成员国。但是1995年世贸组织成立的时候，它们都加入了，加入这个组织就意味着它们属于现代世界。然而，在这个为讨价还价而设计的组织中，它们基本没有地位。对于世界其他国家来说，最底层国家的市场几乎无利可图，而它们的贸易壁垒很高，最底层国家一样无法从中获利。

最底层那10亿人的贸易壁垒也是问题的一部分

那么最底层的10亿人自身的贸易保护呢？贸易保护保护的是国内市场，可它们自身的单一市场容量小、缺乏生机，所以专注于发展国内市场就是死路一条。尽管如此，40年来，最底层那10亿人的政府一直拿着贸易保护的战略当幌子，实际上的动机可能完全不是出于战略考虑。高关税滋生了高成本的寄生行业，这个行业知道自身的利润取决于游说而不是提高生产效率。我们现在已经知道，是什么造就了制造业在全球范围内的生产力增长：竞争。企业痛恨竞争，因为竞争迫使它们进行痛苦的变革，痛苦的变革正是生产力增长的原动力。最底层那10亿人的公司几乎不用面对竞争。它们被贸易壁垒保护了起来，不受外部竞争的影响，加之国内市场太小，一个领域内无法同时存活两家以上的公司，因此它们也不用面对国内竞争。最底层那10亿人的公司所享受的安逸生活，是由普通老百姓买单的，贸易保护让普通人承受着远高于世界平均水平的物价。这便是保护的意义。安逸的市场环境表现在了生产力的增长速度上。在最底层那10亿人中，制造业的增长幅度几乎为零，与全球飞速发展的趋势形成了鲜明对比。在过去的20年中，各国政府被不断地哄骗与劝诱，逐渐降低了贸易壁垒。而一旦面对外部竞争，这些无能低效的企业势必只能坐以待毙。不过，我并不热衷于"大爆炸式"的贸易自由化，在企业有希望成为全球竞争者的地方，逐渐让它们接触竞争激烈的全球市场，比把它们突然推向死亡更好。贸易自由化让寄生企业远离普通民众，却没有让其他经济活动蓬勃发展。为此，政府需要改变一系列政策，因为这些政策决定了公司的经营成本。

为什么最底层那10亿人的政府往往会接受高企的贸易壁垒？部分原因在于，贸易壁垒是腐败的主要来源之一。因此，马达加斯加的马克·拉瓦卢马纳纳（Marc Ravalomanana）、乌干达的伊曼纽尔·杜慕西—穆特比勒和尼日利亚的恩戈齐·奥孔乔-伊韦拉等政治改革家都把贸易自由化放在工作的优先地位。贸易限制造成的腐败是自上而下的。政府的高官会对亲戚和朋友拥有的企业，还有贿赂自己的企业提供保护。而在琐碎的事务中，实际上日复一日的保护体系也是有利可图的。在这些国家，你可以找到的最佳工作大概是成为一名海关官员。比如在马达加斯加，要想当一名海关官员，你必须进入培训学校。所以，进学校就是走向成功的通行证。获得一个入学名额所需的贿赂是该国人均年收入的50倍。仅凭这一件事，你就能了解马达加斯加的海关是个什么德行。尼日利亚的副总统就当过海关官员，因为才能出众，有机会获得晋升，可他却拒绝了，原因可想而知。

162   恶棍们热衷贸易限制所带来的腐败机会，改革者于是竭力争取降低贸易壁垒，可基督教援助组织等非政府组织却误解了这种情况。这些机构用富国压迫穷国的思维模式看待一切问题，把慈善捐款用在反对减少非洲贸易壁垒的活动上。列宁曾这样描述西方那些支持他却不理解他的真实意图的人：有用的白痴。今天，那些努力争取抬高贸易壁垒的人就是有用的白痴。

援助加剧了贸易壁垒问题

基督教援助组织希望非洲维持高贸易壁垒，同时还希望大幅增加援助。可这两种立场是水火不容的。增加援助的同时，必须推动非洲贸易的自由化，否则援助甚至会加剧贫困，因为援助只会增加进口额。我知道这听起来有些奇怪：一般人都认为，援助应该是花在学校等项目上的。但是援助的资金是美元、欧元、英镑等外汇。政府要把这些援助用在学校上，就必须出售外汇换成当地的货币。而人们购买外汇一般都是为了支付进口商品。所以，援助能够起多大作用，取决于人们想买多少进口商品。如果禁止进口，或者关税过高，那么对外汇的需求就会变得很低，援助在学校建设上也就发挥不了多大作用。但这还不是最糟糕的。进口产品除了可以通过援助支付，还可以通过出口支付。出口商赚取外汇，然后把外汇卖给想购买进口商品的人。因此，进口商有两个选择：或者从出口商那里获取外汇，或者通过援助获得外汇。换句话说，援助和出口商之间是竞争关系。援助越多，意味着对出口的需求越少，出口商的收入也就越少。产生这种效应的机制是汇率：援助会导致汇率上升，让出口商赚到的美元相对于当地货币变得更不值钱。出口商因此受到打压，有的甚至会倒闭。于是，"荷兰病"就出现了。"荷兰病"对支持援助的人而言是个麻烦。如果大幅度增加援助会破坏这些国家的出口竞争力，那么最底层那10亿人的国家迫在眉睫的问题就会变得更难解决，因为这个问题就是提升其新出口活动的竞争力。

好在贸易自由化是治疗"荷兰病"的一剂良方。增加援助可以扩大进口产品的供应，所以只要相应地扩大进口产品的需求就可以了。只有需求相应增加，出口商才不会被增加的援助打垮。贸易自由化可以降低进口商品的价格，从而扩大对进口商品的需求，同时还不需要提高汇率，因为对进口商品征的税减少了。那么贸易自由化要推进到一个怎样的程度？这取决于要用援助来干什么。如果援助被用于聘请外国专家，对外汇的需求就会直接增加，因为外国专家的薪水是以美元支付的。但是，如果援助被用来支付当地教师的工资，那么对外汇的需求就不会受到大的直接影响，因为教师的工资是用当地货币支付的，他们花太多钱消费进口商品。非政府组织倾向于把援助用在支持社会性事业上，比起用在聘请专业人员、修建基础设施等以增长为导向方面，那往往需要更高程度的贸易自由化。基督教援助组织在增加援助的同时，还应该争取宣传和推动非洲的贸易自由化。我不知道基督教援助组织的宣传人员是不是单纯地没有理解援助与贸易政策之间的联系。如果贸易自由化不能像"资本猪"的图案那样推动 T 恤衫的销量，这并不是基督教援助组织的错，但借着普遍的误解从中牟利就不对了。

答案在哪里？

公平贸易是答案吗？

　　公平贸易运动旨在为最底层的 10 亿人目前的一些出口产品争取更高的价格，例如咖啡。公平贸易产品的溢价是一种慈善转移，这显然没有坏处。但是相比于以其他方式直接给予援助，它的问题在于鼓励受援助者继续从事他们的工作，比如生产咖啡。而最底层的 10 亿人面对的一个关键经济问题是，生产者无法跳出狭窄的初级产品生产范围，实现生产的多样化。提高他们产品的价格（而且提高得很少，因为公平贸易只占需求的一小部分），使人们更难从事其他生产活动。他们会陷入因为贫困而获得援助，然后继续生产使他们陷入贫困的作物的死循环。

区域一体化是答案吗？

40年来，对于最底层那10亿人的贸易问题，在政治上的正确解决方式一直是区域一体化。欧洲共同体作为一个经济自由贸易地区（从技术上讲是一个关税同盟）的成功案例，为这个本来便具有吸引力的战略增添了政治上的动力。同盟内的各国可以保留针对富国的贸易壁垒，但是可以消除彼此之间的贸易壁垒。这种做法的谬误太多了，都不知道该从何说起。但政治的确很神奇。区域一体化这么有吸引力，以致遍地开花，到了现在世界上的区域贸易计划比国家还要多的地步，所以一个国家通常会参与多个计划；一个典型的非洲国家一般会参加四个贸易计划，而且这些计划往往互不相容。为什么这些贸易计划如此受欢迎？你想啊，总统可以搞一架自己的飞机，与邻国的首脑会面，签署一份贸易协定，成立区域性的秘书处，把自己的朋友安插过去，然后再飞过去，出尽风头。

然而，这样的计划并没有取得多大的效果。一个原因是，即使在最好的状况之下，区域一体化带来的市场规模仍然微不足道。根据一组著名的统计数字，整个撒哈拉以南非洲的经济规模与比利时差不多。第二个原因是，你把一些贫穷的、增长缓慢的单一经济体聚集起来，得到的就是一个贫穷的、增长缓慢的区域经济体。拉动贸易的因素其实是差距，低收入国家的巨大机遇在于和富裕的国家进行贸易，利用廉价劳动力的优势。

一堆穷国凑在一起，相互之间的差距根本不足以拉动贸易。更糟糕的是，穷国之间真实存在的差距非但不会缩小，反而会进一步扩大。很不幸，欧洲共同体的模式被严重地误解了。

想想欧洲获得的巨大成功，其核心在于趋同：比较穷的国家，比如葡萄牙与爱尔兰，已经赶上了较为富裕的国家。欧洲内部的自由贸易一直在朝均衡化发展，而且伴随着欧盟最近的扩张，这种均衡化还会持续下去。而根据托尼·维纳布尔斯的观察，穷国之间的区域一体化会推动分化而不是趋同。原因在于，无论是在富国间还是穷国间的区域计划里，受益的都是最接近全球平均水平的成员国。在富国的俱乐部中，最接近全球平均水平的是最穷的成员国；而在穷国俱乐部中，最接近全球平均水平的是最富裕的成员国。因此，在富国俱乐部中，获益的是最贫穷的成员（趋同）；而在穷国俱乐部中，获益的是最富有的成员（分化）。为什么区域计划总是有利于接近全球平均水平的成员国呢？让我们来看看欧盟的状况。它们的共同对外关税会把穷国的劳动密集型商品拒之门外，这就为欧盟内部劳动力最廉价的国家，也就是最贫穷的国家创造了机会。那些处于中游、劳动力还算廉价的国家也不会被劳动力极其廉价的国家影响。我们再看看最底层那10亿人的国家的区域一体化计划。共同对外关税会把富裕国家的技术密集型产品拒之门外。这就为俱乐部内那些技术最先进的国家，也就是最富有的成员国创造了机会。技术比较先进的中间国家则也能免于与技术实力雄厚的发达国家进行直接的竞争。

只要考察一下，在最底层的10亿人之中有效实施区域性

第十章 扭转边缘化的贸易政策

贸易计划的地方，我们就可以看到计划确实导致了分化。在西非，布基纳法索的市场份额被当地的领头羊塞内加尔和科特迪瓦夺走。在东非，乌干达和坦桑尼亚在市场上输给了当地的领头羊肯尼亚。当然，竞争失败的国家肯定不喜欢这个结果。在东非，区域性的自由贸易以边境的完全封锁与区域内的战争而告终。更为普遍的情况是，这样的贸易计划从未生效。要让最底层那10亿人的国家间的区域计划发挥真正的作用，对外关税就必须设置得低一些。高昂的对外关税意味着坦桑尼亚和布基纳法索的普通人是在补贴肯尼亚和塞内加尔低效率、高成本的产业。这种转移支付毫无意义，只会适得其反。只有较低的对外关税才能使这样的状况保持在可控范围之内。

良好的周边市场准入机会对于缺乏自然资源的内陆国家来说至关重要，像布基纳法索和乌干达这样的国家就迫切需要区域一体化，但是它们不应该通过向富裕的邻国让渡大量利润来获得市场准入资格。乌干达拥有大量的优质农业用地，它应该为肯尼亚供应粮食。肯尼亚政府允许进口以后，它们确实这么做了。但是乌干达无法左右肯尼亚的决策。1978—2002年在任的肯尼亚总统丹尼尔·阿拉普·莫伊（Daniel arap Moi）与当地的商业巨头沆瀣一气。有一段时间，一些肯尼亚商人搞粮食投机生意，囤积居奇，期待价格上涨。但是由于肯尼亚从乌干达进口了粮食，价格并没有上涨。商人们对莫伊总统进行游说，他果然全面禁止了从乌干达进口粮食。于是，肯尼亚的百姓不得不花更多的钱购买粮食，而普通乌干达人也失去了通过出口谋生的机会。只有莫伊总统的商人朋友笑开了花。我想他们肯定向总统表达了感谢。在莫伊总统做出了这个决定之后，我见到了他，问了他这件事。他告诉我，他这样做是为了肯尼亚的穷人，但他的一名侍从听到以后很愤怒，在会议结束后将我拉到一边，告诉了我真相。所以说，区域一体化虽然是一个好主意，但在坚固的外部壁垒包裹下是行不通的。

解决方案的一部分：出口多元化

最底层那 10 亿人的制造业正在衰退。30 年来的贸易保护造就了生产力停滞不前的行业寄生虫，而十年适度的自由化只是缩小了寄生产业的规模。制造业如何才能搭上生产力升级的顺风车呢？

十多年来，我一直是一个研究非洲制造业的大型学者网络"非洲产业调查"（Industrial Surveys of Africa）的成员。这个组织致力于研究促进企业发展的因素。例如，我们研究了企业如何应对高风险的环境，为什么它们的投资如此之少，以及信贷限制所带来的影响。我们最引人注目的发现之一和出口有关。非洲企业确实正在从事出口，但是参与出口的企业并不算多，这些企业的生产率得到了迅速的增长。与通常这类相关性问题的研究类似，我们的任务是要厘清因果关系。是否只有很小一部分生产力正在快速提高的企业才有能力从事出口经营？（在何种情况之下，又会如何发展？）还是说，出口促进了这些企业生产力的增长呢？对于美国还有中国等新兴市场经济体的企业，也有类似的研究。但我认为，我们的研究是唯一针对最底层那 10 亿人的经济体的研究。对于美国企业来说，出口对生产力的提高没有任何影响。这并不奇怪,因为企业在和堪萨斯的销售产品竞争的过程中,获得的利润和在法国销售产品一样。事实证明,中国的情况也是如此。显然中国的市场足够大,竞争也足够激烈,企业必须不断提高生产力才可以生存。但是非洲的情况就不同了。在那里,出口似乎可以显著提高企业的生产力。因为国内的市场太小,无法支持足够的竞争,所以从出口中可以获得独特的经验。我们发现,这会产生非常大的影响:尽管非洲的制造业模式导致生产力停滞不前,但是出口贸易会让企业的生产力得到提升。

因此,如果非洲乃至最底层那10亿人的其他经济体希望制造业充满生机与活力,就需要推动企业打入出口市场,而不是让企业安于国内的垄断地位。而推动这些企业进入国际市场的关键在于如何让这些企业克服最开始的竞争瓶颈期,进而走入正轨。

如何开启出口的多元化:避免来自亚洲的竞争

最底层的10亿人的确需要经合组织提供一些对它们有帮助的贸易政策,但这些政策不是公平贸易,也不能把它们描述成公正的贸易。而且这些政策一定不能附和基督教援助组织的那些口号。最底层的10亿人需要将出口产品多样化,转向劳动密集型的制造业和服务业,也就是走亚洲国家正在走的路。前文提到过,这就是问题的所在——打入市场之后,低劳动成本的亚洲国家有足够的优势建立产业集聚区,那里的成本比其他刚刚起步的国家低得多。一旦亚洲打入了这些市场,就不必再与已有的低成本生产者竞争，因为它们是第一批进入市场的人。最底层的 10 亿人若想打入这些市场，需要暂时的保护，避免与亚洲国家竞争。

也就是说，最底层的 10 亿人出口到富裕国家的商品与服务，相比于来自亚洲的相同商品和服务，缴纳的关税应该更低。无论你如何解释，这样的举措都无法用"公正"或者"公平"等词汇描述。让最底层的 10 亿人享有相对于低收入的亚洲国家的特权，这不能说是公正，而更像是一种权宜之计。如果没有这种刺激增长政策，最底层的 10 亿人注定要不断等待打入市场的机会，直到亚洲富裕起来，在国民工资水平方面远远超过最底层的 10 亿人。即使亚洲经济高速增长，也需要好几十年才能拉开工资差距，才足以刺激企业搬迁到最底层那 10 亿人的世界。事实上，在劳动密集型商品的成本当中，工人工资大约只占 16%。因此，即便最底层那 10 亿人的工资是亚洲的十六分之一，也只能提供 15% 的成本优势。如果算上其他方面上的成本劣势，比如运输成本、执法与腐败带来的额外成本、电力成本以及熟练劳动力和商业服务，15% 的成本优势很快就会被抵消。我们在前文提到过，在亚洲成为经合组织的竞争者之前，亚洲与经合组织的工资差距是非常大的。

当然，要让经合组织对亚洲增加关税，以保护市场中最底层的 10 亿人，这是不可想象的，它们也不应该这样做。它们应该做的是，在那些对亚洲征收关税的地方不再对最底层的 10 亿人征收关税。这么做十分重要，已经迫在眉睫。世界关税水平正在下降。世界贸易组织正在就相对发达的发展中国家

第十章 扭转边缘化的贸易政策

与经合组织之间相互减免关税进行谈判，显然存在着许多有待商榷的空间。这是世贸组织的核心事务，并且在未来的十年，谈判很可能达成共识。所以，等到2015年*左右，经合组织对亚洲的关税就会降低到不足以再保护最底层的10亿人。我们现在必须利用好这个转瞬即逝的政策窗口。然而，实施这一政策的紧迫性也给了人们接受这项政策的理由。这项政策之所以紧迫，是因为对亚洲的关税是暂时的。这也让亚洲人更容易接受这项保护最底层那10亿人的政策——因为这项政策是阶段性的，会逐步退出历史舞台。事实上，这对亚洲来说或许是有利的。一旦经合组织的贸易保护主义利益集团发现他们的游说是在帮助最底层的10亿人，而不是他们自己，他们便不会如此反对亚洲人所乐见的贸易自由化。暂时性的措施也能增加政策的可实施性。如果最底层那10亿人的政府清楚意识到，它们只有几年的机会窗口来打入经合组织的市场，一旦错过就再也遇不上新的机会了，它们就会完善之前的政策。

那么，在经合组织的市场里，对最底层的10亿人进行暂时性的保护，在政治上是否是可行？当然可行——事实上，我们已经在这样做了。美国拥有一项被称为"非洲增长与机遇法案"的计划，就是为了实现这一目的而设立的。来自非洲的产品进入美国是免税的。欧盟有一项叫作"除武器外一切都行"（Everything but Arms）的计划，目的是推动非洲产品打入欧洲市场，为进入欧盟的非洲商品免除进口关税。而在2005年，

---

* 本书英文原版首次出版于2007年。

经合组织所有富裕国家的政府在新加坡承诺，为最不发达的那些国家提供更为宽松的市场准入条件。可是，为什么我们已经这样做了，情况却依然没有任何改变？因为这些计划并没有发挥作用，不是因为这些计划有问题，而是因为计划在细节上出错了，而且这些错误可能是有意为之的——原来，制定这些计划并不是为了让它起作用，而是为了安抚游说团体。"非洲增长与机遇法案"之所以获得通过，是因为有6万名非裔美国人向他们的国会议员写信，支持这项计划。

那么细节是怎样阻碍计划执行的？首先是原产地规则。在现代生产流程中，原材料来自世界各地，然后进行组装，最终出口。原产地规则就是说，这些原材料可以从哪里进口，制造成产品后可以增加多少价值。原产地规则这东西没有什么神秘和晦涩的。如果最底层那10亿人的经济体可以向富裕的国家出口任何产品，目的地没有进口限制，没有原产地规则，那么所有出口的中国产品，都会经过最底层那10亿人的国家，打一个"×国制造"的小标签，免税进入我们的市场。这对中国有好处，连带地对我们也有好处，但是对最底层的10亿人来说，却没有任何好处。但是我们目前正处于另一种极端情况中：原产地规则的限制太多。如果维多利亚湖上的乌干达渔船雇用了一个肯尼亚人，那么这艘渔船上捕获的鱼就没有资格享受欧盟的计划。"非洲增长与机遇法案"最初也存在着同样的问题，但是后来加上了一条特别豁免规定。此后，即使肯尼亚的服装制造商使用了廉价的亚洲布料，现在也可以将服装出口至美国。因为这一点，"非洲增长与机遇法案"使非洲服装的出口增加了50%以上，而"除武器外一切都行"却完全没有效果。我们可以对原产地规则进行微调，让惠及最底层那10亿人的准入条件真正生效，否则这些条款就毫无价值。

另一个重要的细节是时间上的规则。"非洲增长与机遇法案"每次只会给予为期一年的特别豁免，而该法案自身只有三年的有效期。对于企业来说，这段时间实在太短，无法基于该法案提供的市场准入做出投资决定。例如，马达加斯加的纺织企业现在向美国出口的利润非常高，但是它们不会扩大规模，因为它们不知道接下来会发生什么。如果拥有更长远的视野，或许情况会有所不同。如果援助的目标是2015年的千年发展目标，那么贸易政策也应当如此。欧盟的方案当然不会受短视的影响，这个计划似乎是永久有效的。但问题在于企业理解这些文件需要多长时间——这个计划非常复杂，许多企业根本懒得去执行。

最后一个重要的细节是这些计划涉及的国家。"除武器外一切都行"只限于最不发达的国家，因此包括了索马里与利比里亚，但是塞内加尔、加纳与肯尼亚却被排除在外。"非洲增长与机遇法案"更具有包容性。将计划局限于最不发达的国家，表面上这是有的放矢，但实际上很愚蠢。哪些非洲国家的制造业更有机会打入全球市场，是像索马里这样的国家，还是像加纳这样的国家？这又是"有良心没头脑"在作祟，这样的行为更像表面功夫，而不是经过深思熟虑后的行动。

我们需要的是一个像经合组织那样的简单计划——具有更宽松的原产地规则，覆盖范围囊括整个非洲，有效时间截止到

2015年。这个计划的细节要足够灵活，方便及时调整，直到它真正发挥作用。计划的目标应该是让最底层的10亿人打入全新的出口市场。

答案的另一部分：
在世界贸易组织框架下重新思考最底层的10亿人

最底层那10亿人的国家在世界贸易组织中可以做些什么？世贸组织继承的是关贸总协定，它的基础是对等交易：如果你向我开放市场，我就向你开放市场。它与世界银行、国际货币基金组织和联合国开发计划署等国际组织不同，世贸组织没有可以向各国分配的资源，也没有一个成员必须运用这些资源来实现的共同目标。它不是一个有目的性的组织，而是一个交易场所。世贸组织秘书处的日常工作，只是每天摆好摊位，晚上打扫卫生，并规定市场开放的时间。可以达成什么交易取决于商讨决定。如果商讨双方是美国和欧盟，可能会有一定的成果。这些年来，美国与欧盟间的制造业贸易几乎没有任何限制。世界贸易组织也聚集了新兴发展中国家：印度、巴西、中国与印度尼西亚；世界贸易组织为其提供了许多机会，既减少了这些国家对富裕国家的贸易壁垒，也降低了新兴发展中国家相互之间的贸易壁垒。作为回报，它们可以通过谈判更容易地进入富裕国家的市场。但是最底层那10亿人国家的市场规模非常之小，即便政府着手降低贸易壁垒，也不会拥有任何议价能力。如果美国政府认为对棉农的保护在政治上的收益超过了

第十章　扭转边缘化的贸易政策

让美国纳税人为昂贵的农业法案买单的政治成本，那么即便为乍得提供更好的市场准入机会，也无法改善乍得的境况。迄今为止，世界贸易组织运作得非常糟糕。眼下在进行的这轮贸易谈判被称为"发展回合"，但是在一个旨在商讨条件的组织中，这种标签的确没有什么实质作用。你明天也可以给 eBay 上的交易贴上"发展回合"的标签。贸易谈判者来到这里，为了给自己的国家争取最好的条件，以最低程度开放的本国市场换取最大程度开放的他国市场。最底层那 10 亿人的国家加入世界贸易组织，期望像它们在世界银行、国际货币基金组织与联合国那样，得到某种形式的转移支付。但是，世贸组织根本不是为了这样的目的设立的。只要世界贸易组织还是一个商讨条件的交易场所，最底层的 10 亿人在这里就不会有地位。他们唯一可以做的可能就是质疑整个组织的合法性。这一点，他们已经做到了，以至于让这轮谈判濒临失败。解决这一问题的办法是，世贸组织在商讨条件的功能之外，再增加一项转移功能。当然，我并不是想把世界经贸组织变成一个援助机构，这太荒唐了，因为援助组织已经太多了。我所说的转移指的是无偿降低针对最底层那 10 亿人的贸易壁垒：这是一份礼物，不是一项交易。我认为，世贸组织秘书处应该在每一轮谈判的第一阶段，主持关于这份礼物的谈判。世界银行就是以这样的方式发展起来的。最开始，世界银行是一个互助组织：国际复兴开发银行。它在纽约的市场上发行债券，并以较低的溢价为信誉良好的国家提供小额贷款。这对低收入国家没有任何帮助，因为出借给这些国家的风险太大，所以银行增加了一项新的职能部门：国际开发协会。这个部门与国际复兴开发银行不同，后者从未让富裕国家花过一分钱，而前者是一个财富转移组织。每隔三五年，世界银行的秘书处便会游说富裕国家的政府，让它们向国际开发协会投入资金。每个国家花费多少钱，取决于该国希望在其他国家面前获得怎样的形象。之后世界银行会对基金进行分配。所以，世界银行在原本的富裕国家互助的作用之上，增加了对低收入国家的转移作用。世贸组织也应发挥类似的作用。世贸组织秘书处可以像世界银行的工作人员运作国际开发协会那样，从不对等的贸易入手展开工作。最关键的一步是，要对每个富国提出的贸易让步加以量化和汇总——也就是最底层那10亿人的国家最期待的额外的出口配额。一旦贸易让步被量化，便可以拿来比较。这时候就会产生压力。为什么日本比欧洲提供的优惠少这么多？为什么美国这一轮的优惠还不如上一轮多？这就是国际开发协会的运作方式，世贸组织也可以这样做。只有转移回合结束后，才允许开始商讨条件的回合。这样富裕国家就会在压力之下不得不提出可以接受的让步措施。同时，只有在商讨条件的回合结束之后，转移回合的成果才会生效，这样最底层那10亿人的国家也就有了压力，从而配合推进商讨条件的进程，不再破坏谈判。而且，如果最底层的10亿人期望转移回合结束时能获得更多利益，他们也必须坐下来谈判。我们不应该把转移与交易这两种截然不同的手段混为一谈，现在的问题就是它们被当成了一回事。

第五篇

为最底层的 10 亿人而奋斗

第十一章

行动纲领

我们承受了最底层的 10 亿人的国家对其自身、对彼此以及对我们所造成的痛苦,以及随之而来的种种后果。我曾试图罗列一场内战,以及一个失败国家所带来的损失。这些数字十分巨大。不过解释这些问题的严重性,并不需要如此细致的数字。我有一个六岁的孩子。我不希望他在一个承受着巨大痛楚的世界中长大——最底层的 10 亿人深陷绝望,与此同时,这个世界也沉浸在空前的繁荣之中。

并且,最底层的 10 亿人仍将深陷泥潭之中。不过很明显的是,这些社会中,还是有一些勇敢的人,正在为实现变革而奋斗。对于我们而言,让这些勇敢的人获得斗争的胜利非常重要,但是目前的境况却对他们十分不利。在前文之中,我们已经了解了这些陷阱:战乱、自然资源、深陷内陆以及糟糕的治理。这些陷阱让最底层那 10 亿人国家的发展停滞了 40 年,而我看不出在接下来的几十年里,这样的情况会有什么大的改观。

全球化会带来什么改善吗？我们已经讨论了全球化对于底层国家可能造成的影响。贸易更有可能让它们深陷于对自然资源的依赖，而不是为它们开辟新的机会。资本和技术工人的国际流动，更有可能耗尽国家本身就缺乏的资本与人才，而不是提供增长的动力。

如果20年后的世界会有如此光景，那么，考虑到我的专业，我的儿子可能会问我，你为防止这些情况发生做了些什么？对于我来说，我还是做了一定的努力：我写了不少文章。但是，不要以为你的工作与发展毫无关联，你便可以免责。你是一个公民，而公民的身份附带了某些我们所应该承担的责任。在20世纪30年代，因为美国与欧洲的选民太懒惰，不去思考除了民粹主义滋生的孤立主义与和平主义之外，还有什么别的选择，整个世界于是像梦游般滑向了毁灭性的第二次世界大战，这一切本是可以避免的。这些错误导致了他们的子女惨遭屠戮。所有公民都有责任，防止我们再次陷入如此的灾难，这样的灾难本可以避免，而我们的子女不得不去面对。

而这的确是可以避免的。在这本书中，我们讨论了四种干预举措：援助、安全、法律与章程以及贸易。每一种举措都可以发挥一定的作用，但是目前我们对第一种举措的使用相当糟糕，而对于其他三种举措，几乎没有使用。为什么富国的政府如此无能呢？

选民们会自食其果。人们关于发展的思考被人云亦云的想象与争议所迷惑："全球化会解决这个问题"与"他们需要更多的保护"，"他们需要更多的钱"与"援助助长了腐败"，"他

第十一章　行动纲领

们需要民主"与"他们陷入了族裔仇恨","回到帝国时代"与"尊重他们的主权","支持他们的武装斗争"与"支持我们的盟友"。这些两极分化的言论是站不住脚的,我希望你们对于这些问题的定量研究有了一定的认识,可以挑战这些成见。

现在,是时候将前述内容整合起来了。在第二部分,我们介绍了陷阱;在第四部分,我们介绍了补救措施。现在是时候把补救措施与陷阱联系起来了。没有哪种补救措施放之四海而皆准。以每个陷阱作个案分析,什么样的措施组合才能最有效地解决问题?

另一个关键问题是,谁来实施这些措施。由于没有世界性的政府,富裕国家与最底层那10亿人的国家如何保持一种现实的平衡?哪些行动需要通力合作,并且如何实现?鉴于即使在每个群体的内部进行协调都是困难重重的,我们侥幸达到的底线在哪里呢?这样的成功又要如何实现呢?

需要做些什么?

让我们重新审视一下这些陷阱,看看如何通过我们目前拥有的政策措施,让最底层的10亿人摆脱这些陷阱。

打破冲突陷阱

冲突陷阱有两个干预点,战后的局势与深度防范。由于约有一半的内战是在战后重演的,而且这些战争仅仅发生在少数国家,因此,让战后的干预措施更好地发挥作用,是一个良好的开端。干预的时机十分重要，因为在冲突刚刚结束之时，往往达成了许多和平协议。

对于这四种措施，我认为，在战后的局势中，我们或多或少可以忘记贸易这项措施。比如，阿富汗在最近不会出口任何其他的商品，除了毒品。

过去对于战后社会的援助，金额太少，来得太早。不过这种情况已经开始有所改变。援助者正在意识到，战后局势的改善需要时间，十年内分阶段提供援助，比一步到位地提供会收到更好的效果。在战后初期，政府的能力往往不足以满足社会巨大的需求。解决这个问题的一个办法是，通过独立的服务机构，提供最关键的基本服务：由相互竞争的组织，在当地提供服务，而政府机构则为其提供资金，并对其绩效进行监督。这使捐赠方能够进行协调，为政府提供其所需的资金。但是许多战后政府过于疲弱，以至于不能采取这种明智的解决方案。捐赠方为了恢复基础设施所资助的传统项目是有意义的，但是这些项目需要大量实质性的监督，以确保项目的成功并防止腐败发生。

维持战后社会的安全，往往需要长期的外部军事存在。军事力量的派遣国与接收国政府都应该预期到，这种军事存在将持续至少十年左右，并且必须对军队做出派遣。如果军队的存在远远少于十年，那么国内的政客们倾向于观望等待，而不是塑造和平；企业也很可能对于投资抱持谨慎的态度。如果驻军时间远远超过十年，民众很可能会对外国军队的驻扎感到不安，要求他们离开。为了让驻军取得实效，外部的军事力量需要有

第十一章　行动纲领

一份委任令，授权他们为了保持和平而战斗，以及愿意接受军队伤亡的派遣国政府。作为对于这种外部安全保障的回应，冲突后政府应该从根本上缩减军队规模。它们必须学会基于同意而不是压迫的方式进行统治。虽然军队的规模应该缩小，但很可能需要扩大警察队伍，以应对由战争蔓延而来的暴力犯罪浪潮。

在第九章中，我提出了战后治理的章程。国际上的行动者在战后的局势中，拥有着巨大的权力；但是往往会受到侵犯主权的指控，他们通常不愿意使用这种权力。在这样的局势之中，国际社会存在着许多利害关系，因此国际社会不得不尝试接受某些侵犯主权的行为。但是，对国际上的行动者来说，积极推进过去所确立的国际规范，比随着特定局势恶化而临时提出新的动议要容易得多。对国际上的行动者来说，围绕一项已达成共识的规范进行协调，也比试图组建一个因特殊问题形成的临时联盟要容易得多。

所以，在战后局势中，四种措施之中有三种的确十分重要。援助已经有了很大的改善，军事干预也在改善（至少截止目前伊拉克是这样），而章程的制定目前还遥遥无期。因此，现在最紧迫的议程应该是颁布一个章程。

那么冲突预防呢？冲突的预防需要所有四种措施，因为它几乎是发展的同义词。回顾一下前文所述，深层次的风险因素是低收入、增长缓慢以及对于初级产品的依赖。因此，预防冲突实际上就是要摆脱其他的陷阱。

打破自然资源陷阱

在最底层10亿人的国家中，有许多拥有着丰富的资源，然而缺乏良好的政策。在这些国家，通过援助向它们提供更多的资金，根本不会达到预期效果。我们的贸易政策也不存在着太大的潜力，因为这些国家会发现，无论我们给予它们什么样的优惠，都会因为"荷兰病"的缘故，难以实现出口的多样化。它们很可能时不时就需要军事援助，因为自然资源财富会让一个国家更容易发生冲突，我在之前的章节讲过这个问题。因此，采取干预的关键措施很可能是我们自身的法律与国际规范。我们需要设立关于自然资源财富的章程——类似于修订版的采掘业透明度行动计划。有人倾向于指出一些国家在落实章程上存在困难，因而否定这种方法。当最初提出类似采掘业透明度行动计划的章程时，持怀疑态度的人常常指着安哥拉说："算了吧。"最近所发生的事实表明，这种想法过于悲观。金伯利进程和采掘业透明度行动计划都表明，即便是非常温和的措施，也能获得一定的牵制力。怀疑论者也没能提出更好的解决方法。不知何故，仍旧停留在殖民时代的幻想一直存在，认为我们在当地依然拥有强大的实力。我们没有，未来也不会有。当然，在伊拉克战争之后，一个富裕的国家试图通过外部军事干预来改造一个治理不善、资源丰富的国家的机会已经不存在了。然而，我们可以帮助最底层那10亿人社会中的改革者增强实力——否则我们就要坐视我们的石油公司，在贿赂游戏中与中国人竞争。我们在公开场合的无动于衷并不意味着富裕世界是被动的；它意味着全球化的强大力量继续与这些社会中的腐败分子共存亡。

内陆国家的生命线

我们没有足够有力的措施来打破深陷内陆恶邻环绕的陷阱。归根结底，内陆国家必须依靠更为幸运的邻邦，才能充分利用它们的机遇。因此，想打破深陷内陆的陷阱，必须先摆脱其他陷阱。但是，我们仍然能够做许多事情，来缓解身处内陆的问题。

例如援助，当然，是规模非常大的援助。这些国家将长期处于贫困状态，它们不仅仅需要我们的资金来发展，还需要我们的资金以过上体面的生活。然而，与过去相比，我们的援助需要被更有效率地提供。如果这些国家的治理与政策足够妥善，那就简单多了，我们可以放开投入资金的限制。马拉维、布基纳法索与乌干达，都应该得到大规模的预算支持，因为这些地方的治理状况都已经有了一定的改善。但是，对于那些治理能力仍然非常孱弱的地方，像乍得与中非共和国，则需要采取不同的办法，比如施加"治理的条件"与建立独立的服务机构。我们还需要向它们的邻国提供一些援助，专用于运输走廊的建设。

还记得我们在前文提过，大量援助流入穷国，会导致政变的风险增加，这大概是因为军队嗅到了金钱的味道。即使军方没有实际上发动政变，但是发生政变的风险也会促使政府先发制人地增加军费预算——其中一些预算来自援助本身。因此，在一些国家，外部的军事保障对于降低政变风险有着特殊的作用。我们可以合法地利用这些保障，来加强对于优良治理的激励。一个政府只有在接受本国公民有效监督的情况下，才可以得到安全保障。换句话说，前提必须是该国应遵守我在第九章中提出的关于民主和预算透明度的国际章程。

由于运输成本所造成的天然壁垒，我们的贸易政策对于内陆国家的吸引力不大。然而，特别是对于萨赫勒（Sahel）地区国家来说，它们虽然是内陆国家，但离欧洲很近，空运提供了它们进入欧洲市场的潜在生命线。它们关键的出口商品很可能是高价值的园艺产品，因此，在这样的状况之下，欧洲的贸易政策会发挥极大的作用。

打破失败国家的改革僵局

有着糟糕政策与治理的国家，有些时候的确会改头换面，但往往整个过程就像在"等待戈多"：指望通过等待获得转机往往不切实际。这些国家的改革必须发自内部，而这往往需要勇气。既得利益集团可以利用它们的权力、资源以及各种诡计来抵制改革。尽管对于改革者来说，真理站在了他们这一边，但真理只是另一种特殊利益，并不是格外强大的那一种。那些为了抗拒改革不惜撒谎的恶棍，比那些被诚信约束的改革者更有优势。改革者的成功并不容易达成。

当查尔斯·索鲁杜成为尼日利亚中央银行行长的时候，他的优先事项是改革银行业，而银行业是一个臭名昭著的寻租中心。不足为奇的是，改革肯定不受银行中徇私舞弊者们的欢迎。

第十一章　行动纲领

他们发起了一项大约200万美元的斗争基金用以反对索鲁杜。除了其他对付索鲁杜的策略，这可以让他们收买媒体，找到与他们沆瀣一气的同伙。索鲁杜没有200万美元来反对他们，他只是有胆量、有智慧、有正确的出发点。在我写这本书的时候，索鲁杜似乎已经赢了，关闭与合并了64家银行。改革是艰难的，但它可以取得成功。

2002年，肯尼亚总统姆瓦伊·吉巴基（Mwai Kibaki）取代了营私舞弊的丹尼尔·阿拉普·莫伊。翌日，普通肯尼亚民众将那些惯常索贿的警察五花大绑地扭送到当地警察局。人们相信，变革终于成为可能。吉巴基总统请来了曾领导透明国际肯尼亚分部的约翰·吉通戈（John Githongo）作为他的反腐顾问。然而，当新的团队获准接触那些账目之后，他们便意识到了所面临的政治问题是如何棘手。前执政党肯尼亚非洲民族联盟在多年的腐败中，积累了约10亿美元的战争资金；而这些赃款自然存放在国外，并被随时准备用于未来的竞选活动。当他们所要面对的腐败规模逐渐显露出来后，新团队中有一些声音，希望效仿肯尼亚非洲民族联盟的大规模贪污策略。英国的高级专员对他所目睹的援助款被滥用的情况感到非常失望，他大声控诉恶棍们的贪婪足以撑到自己吐出来。随后在争夺新政府权力核心的斗争中，约翰·吉通戈辞职了；他与腐败集团斗争的故事，必须等待他自己的讲述。7个月后的2005年12月，政府在公投中被击败。肯尼亚改革的前景虽不无希望，但现在看来，远不如肯尼亚非洲民族联盟落败时那样乐观。

基斯·邦奇威（Kwesi Botchwey）这位在20世纪80年

代对加纳的转型至关重要的财政部长,通过作出承诺,设法从巴黎的一次援助会议上获得了援助。当他出访归来时,他本期待着政府的同事们会把他当作英雄来欢迎,因为加纳的局势已经坏到了令人绝望的地步。然而,政府的同人却对他抱有强烈的敌意。他渐渐意识到,这是因为他的同事们以为是他自己中饱私囊而心生嫉妒。最终,当杰里·罗林斯(Jerry Rawlings)总统的侄子一手破坏了国家预算之后,他辞职了。

这三名勇敢的人,其中有两名正在流亡。第三个由于受到了死亡威胁,已将家人安置在欧洲。我们要做的是保证这些人的安全,使他们更轻松地赢得斗争。在大部分情况下,援助会带来帮助,也可能变成改革的阻碍,所以我们应该更明智地提供援助。在第七章中,我列出了新的证据,说明了什么时候援助有助于改革,什么时候会阻碍改革。明智的援助需要对提供技术援助的方式进行实质性重组。如此一来这在各机构中一定会遇到阻力。

那协助转型的军事干预呢?我认为,很明显地,伊拉克战争爆发之后,即使是最暴戾恣睢的独裁者也会免于外部军事力量的惩罚:伊拉克非但没有开辟军事干预的先河,而是划了一条界线。政权更迭不得不需要依靠其他手段。外部力量的介入让政变难以发生,这也许会在政府转型期间发挥作用,而这也许是其所能发挥的最大作用了。

至于贸易政策,在仍旧处于改革的早期阶段,将出口多样化视为增长的主要驱动力还为时尚早。新的出口更有可能建立在治理与政策发生转变之后,而不是在改革进行的过程中。然而，根据邻国的成功经验所实现的可靠的出口多样化前景可能有助于改革的持续推进。

那么我们的法律与国际章程呢？我认为，这是我们错失的重要机会。我们的法律将是遏制腐败的关键。国际章程可以为改革者提供一个指责现政府治理不善的措施，也为他们提供一个团结一致为之努力的目标。这也就是国际章程会被提出的原因。

摆脱困境

最后，如何摆脱困境呢？一些资源匮乏的沿海国家，在20世纪90年代设法摆脱了陷阱，但为时已晚。中国与印度已经在全球市场上站稳了脚跟，让后来者更加难以进入。我们该如何帮助这些国家挤进国际市场？我们又该如何让新上台的改革政府的承诺不仅使外国人，而且使本国人民更加信服，从而获得潮涌般的私人投资呢？

请记住，就出口而言，援助是一把双刃剑，因为援助会滋生"荷兰病"。解决这个问题的办法是大力援助：提供大量有时效性的援助，将受援国的出口基础设施提高到具有全球竞争力的水平。这种援助必须是暂时的，因为只有在援助停止后"荷兰病"的问题才会消失。与明智的技术援助一样，为了出口的快速而大量的援助，需要援助机构内部的变革才能达成。至于为改革提供承诺的援助，请记住，有条件的援助往往会成为问题的一部分。

很难想象在什么条件下，军事干预会有助于帮助这些国家进入全球市场。然而，如果外部力量对民主进程提供了更果断的支持，或许马达加斯加转向改革过程中灾难性的动荡本可以避免。让我们回顾一下，战败的总统对港口进行了长达八个月的封锁，从而扼杀了出口加工区的发展。

尽管法律和章程对出口多样化没有直接作用，但投资章程将鼓励私人投资。不仅快速增长需要大量增加的私人投资，促成出口多样化的新兴的经济活动，同样需要投资。

显然，对出口多样化最为关键的干预措施是贸易政策。在我看来，这绝对是至关重要的。如果没有针对亚洲大国的有效的临时保护举措，最底层那10亿人的国家将无法打入新兴的全球市场。他们的政府甚至不会尝试，因为他们对自己缺乏信心，认为这种努力是徒劳无功的。我曾向其中一个最底层那10亿人国家的贸易部高级官员建议，让他们把注意力放在新的全球市场上。他的回答却是听天由命。而且要记住，对于贸易优惠，细节决定一切。

谁应该负责这些举措落地呢？

世上不存在世界政府。这可能反而是一件好事，但即使你真的希望有这样一个政府，你也必须面对这样一个事实，这很难实现。至少在与最底层那10亿人所面临的问题相关的时间框架内，它不会存在。解决最底层那10亿人的问题，是一项全球性的公益事业。因此，与提供其他此类公共产品一样，解决之道注定是困难的。

发起对援助政策的变革

对改革进行援助的关键障碍是民意。援助的拥护者对经济增长持怀疑的态度，经济增长的拥护者，反过来对援助持怀疑的态度。因此，从战略上利用援助，促进最底层那10亿人的经济增长，并不是政治家议程上的当务之急。民意驱使他们去拍摄那些"我关心"的照片，而这些博得眼球的机会主导了援助。英国前国际发展大臣克莱尔·肖特抵挡住了这一诱惑，原则上将援助与自己的出访脱钩，她对这一点功不可没。但她在这一领域，已不再是一个强有力的参与者。

援助机构应把其注意力更多放在那些最为艰困的环境。这意味着它们将需要承担更多的风险，从而使援助的失败概率水涨船高。鉴于如此，援助机构应该通过增加对项目的监督来抵消风险，而这意味着更高的行政管理费用。它们应该迅速行动，在改革的早期阶段抓住援助的机会。它们应该进行战略干预，为大力推动出口多元化的战略提供资金。它们应该有条件地促使受援国政府进行改革。目前，强大的民意力量正推动各机构朝着相反的方向发展。它们不能承受失败。它们必须精简机构，降低行政费用。它们必须优先考虑长期的社会目标，而不是抓住短期的改革和增长的机会。它们必须给予无条件的债务减免。这是普通公民的错，它们被声势浩大的游说活动所蛊惑，却不屑于了解实际情况。国内政策的任何一个方面都没有运作得如此糟糕。援助机构并不是由傻瓜管理的；它们只是被公共舆论所束缚的聪明人。

变革军事干预

公共舆论对于适当的军事干预也是至关重要的。我们曾经遇到过极端的情况。一方面,公众舆论已经被对索马里和伊拉克最初入侵时的大肆炒作所影响——索马里海滩上的摄影师和伊拉克的"震慑行动"。另一方面,我们看到了联合国在卢旺达的畏缩与荷兰人在波斯尼亚的软弱。公众舆论必须转而支持像英国人在塞拉利昂那样的干预行动。如果允许伊拉克成为另一个索马里,民众高喊着"永远不要干预",那么我们将要承担与卢旺达发生的悲剧一样惨痛的后果。如果美、英、法以外的国家能够承担更多的责任,会带来非常大的帮助。例如,德国和日本不能以历史原因或者借口不是安理会常任理事国就置身事外。它们是大国,需要发挥重要的作用。

这不仅需要富国挺身而出。南非政府曾勇敢地试图通过谈判解决科特迪瓦问题。尽管它失败了,但它的抱负是正确的。我希望看到非洲的主要国家有更大的雄心为非洲大陆带来和平。

改变我们自身的法律,颁布国际章程

改变我们自身法律的最大障碍,是搭便车的问题。请记住,每个国家都不愿单独行动,使自己国家的公司处于不利地位。这正是大型国际非政府组织存在的完美理由:非政府组织包括了几乎所有的主要国家,可以克服与制约每个政府坐享其成的问题。实际上,我们需要让非政府组织和经合组织这个起政府

第十一章 行动纲领

间协调作用的官僚机构之间结成联盟。

国际章程可以成为改善最底层那10亿人政府治理的强大力量。国际章程将赋予社会中的改革者权力，也会使那些处于转型初期阶段的国家能够锁定变革的机会，它们将提供一种改进后的承诺。请记住，改革者目前面临着一个严峻的困境：他们只有通过神风特工队一般疯狂的改革战略，才能令人信服地揭示自己改革者的属性。如果国际章程会加强改革者的力量，使改革政府更容易从恶棍当中脱颖而出，那么当下的一些政府一定会对章程的颁布意兴阑珊。我已经听到罗伯特·穆加贝为这种章程扣上了新殖民主义的帽子。既然有这样的反对声音，那么谁来支持改革者呢？

国际章程的颁布可以分为几个步骤进行，我们已经完成了一些步骤。它们不一定要由联合国大会来完成，鉴于穆加贝及其同伙的存在，通过联合国大会这一途径不太可行。采掘业透明度行动计划是由英国政府发起的，这就足以让这项倡议启动，而且进展顺利。这项倡议后续也许应该移交给最适合进行经济管理的国际组织来管理。这些组织的董事将会对适用于自愿原则的事务进行授权。相似地，有关预算处理流程的章程理应交给国际货币基金组织管理，因为根据协议条款第四条，它有责任与成员国政府进行年度磋商。

战后治理章程可由新成立的联合国建设和平委员会颁布。该委员会于2005年9月成立，尚未被赋予任何职责，但显然它被视为一个协调而非执行机构。制定一项章程是实现协调的理想方式。

最难制定的章程是关于竞选资金与权力制衡的政治章程。国际货币基金组织和世界银行被它们自己制定的规则所限制，禁止参与政治事务。联合国虽然明显是政治性的，但制定这样的章程却并不顺利。有一个可以提出政治标准的机构，是欧盟委员会。毕竟，欧盟有明确的民主要求，民主也是加入欧盟的必要条件。欧盟不应该对把民主标准推广到比欧洲更广阔的舞台上而畏首畏尾。颁布适用于成员国，更重要的是适用于其未来成员国的国际标准，一直是欧盟委员会的核心工作。欧盟委员会的财政作用仍然微不足道，欧洲只有1%的GDP与其直接相关。正是欧盟委员会的监管作用为它赋予了意义。然而到目前为止，在与最底层那10亿人的接触中，欧盟委员会完全依赖其援助计划，并没有发挥本来的优势。

另一个可能颁布政治标准的团体是英联邦。毕竟，英联邦最大的成员国是印度，它的民主传统比许多收入更高的国家更为悠久。印度有威望利用英联邦推出一个值得信赖的最低标准的民主行为章程。

颁布政治标准的另一个可能办法，是通过地区间组织。例如，南方共同市场的四个拉丁美洲国家已经决定，民主将是获得成员资格的一个条件；显然，这有助于避免政变发生。非洲联盟等较大的组织在这方面并不太行得通，因为它们的成员未经甄别。我们所需要的是志同道合的小规模新型俱乐部，采用与众不同但又能够吸纳成员的标准，基本上这是一个遵守章程的开放性组织。

在贸易政策上的变革

在贸易政策方面，利己主义与无知相遇，并适时操纵了政策。富国保护主义与反全球化的浪漫主义者和第三世界的骗子联合起来进行伪装。贸易政策的关键变化——在我们的市场上暂时保护最底层的10亿人以抵挡来自亚洲的竞争——在政治上是困难的，不是因为它们威胁到了利益（它们没有），而是因为它们不符合当前的任何一个口号，所以没有被提上议程。保护最底层的10亿人以抵挡亚洲的竞争，并不是为了正义、公平或抵制全球化，而是为了使边缘化的国家步入正轨。正如我们所看到的，发展项目的游说团体，尤其是西方大型非政府组织慈善机构，往往并不了解贸易。贸易很复杂，对它们的受众没有吸引力，因此它们采取了民粹主义的路线。就连美国前总统比尔·克林顿，这位伟大的沟通者，也曾说过他要向美国选民传达的最难理解的概念，就是比较优势的概念——每个国家都能生产可以出口的产品，以达到互惠互利的目的，这是国际贸易的基础概念。事实上，如果你还记得1999年在西雅图举行的世贸组织会议期间所发生的事情，当时美国的贸易保护主义者与反全球化的非政府组织在街头结盟，你就会意识到克林顿的努力失败了。

但是比这杯毒酒更根本的问题是，在世贸组织内部，贸易政策是由各国贸易代表决定的，他们把自己的任务视为通过谈判达成协议。在这一框架内，没有留下利用贸易政策作为发展措施的余地。要使贸易政策成为发展的措施，就必须命令贸易部门改变优先考虑的事项，从寻求最实惠的交易，转变到促进最底层那10亿人的发展。但是该由谁来下命令呢？在我们讨论完四项措施之后，需要我们跳脱出逐个措施考察的方法，开始面对协调与聚焦的问题。

协调的问题

在每个政府内部，这四项措施分属不同的部门。只有发展部，如英国的国际发展部将发展作为其目标。它们所仰赖的唯一措施就是援助。因此，由于对援助的依赖性过强，发展部开始将自己定义为寻求援助的游说者，而不是谋求发展的游说者。衡量成功的标准是援助预算的规模，而不是促进发展的举措。一个发展部的负责人更乐于谈论如何使援助达到GDP的0.7%（联合国的目标），而不是军事干预的作用。因此，名义上负责发展的部门对四个措施中的一个存在着与生俱来的偏见。由于发展部在政府中的级别很低，它们在部际讨论中的影响力很小。指望发展部说服中央银行在追缴银行贪污存款方面有所作为，就像指望总参谋部采纳炊事部队制定的作战计划一样困难。

发展的目标必须提高到发展部的层级之上。由于需要协调政府的四个不同部门，唯一可能会发挥效果的是级别最高的部门。政府首脑必须接受最底层那10亿人的发展作为其个人的优先考虑的事项之一。当然我的意思不是说，最底层那10亿人的发展应该被看作最主要的优先事项，这显然是不现实的。相反，由于发展需要如此多的政策协调，它应该被确认为那些需要正式提交给政府最高层讨论的事项之一。事实上，政府首脑对把发展作为公共目标的热衷程度令人吃惊。想想乔治·W.布什热衷于与U2乐队主唱博诺分享同一个讲台。想想托尼·布莱尔所发起的非洲委员会。对于发展，一直以来缺乏的不是承诺，而是应该随承诺而来的实质性内容。我们拥有领导力，却没有适当的议程，因为迄今为止，议程一直被援助所主导。布什利用与博诺合影的机会，宣布了"千禧年挑战账户"的成立。非洲委员会编制了一份范围广泛的报告，但在随后的选举季，它却缩水成为一场加倍援助的运动。政府首脑不应该领导一场援助运动，而是应该促成整个政府进行政策协调。这是政府首脑不可或缺的作用，因为没有其他人能做到这一点。

另一项协调问题存在于政府之间。这是全球公共产品的搭便车的问题——解决最底层那10亿人的问题，对大家都有帮助，所以希望有人主动来承担这项责任。由于并不存在这样神话般的世界政府，所以世界各主要国家的政府必须共同解决这个问题。目前唯一能做到这一点的就是八国集团。如果八国集团幻想在2005年的峰会上对非洲的援助增加一倍，就可以解决最底层那10亿人的问题，那它最好做一次事实核查。仅仅靠援助是无法解决这个问题的。不过，鉴于格伦伊格尔斯会议的决议，现在的当务之急是要把另外三项措施——安全、贸易和标准派上用场。相对于援助而言，这三项措施甚至在援助增加一倍之前就已经被忽视了。现在，这种不平衡更加明显。鉴于近年来的历史，对军事干预、贸易政策和国际标准方面进行协调变得十分困难：对于军事干预上的协调，因为伊拉克问题上的重大分歧而蒙上阴影；贸易政策的协调因为钢铁和农业问题上的重大分歧而前途黯淡；国际标准的协调因气候变化和《京都议定书》而陷入争议。因此，最近的记录很难令人满意。然而，富裕国家尽管在内部其他问题上有着各种分歧，但是在协调其支持最底层那10亿人的政策方面，有着强烈的集体利益。如果领导得当，不费什么周折就可以促使最底层那10亿人的国家在制定政策方面进行合作，甚至可以重建其他领域的合作精神。2007年在德国举行的八国集团峰会，是进行协调领导的下一个机会，而且非洲问题会恰如其分地再次成为议题。

聚焦的问题

千年发展目标，在某种意义上是一项重大的进步。我们将其与联合国早先举行的一次会议——1995年在哥本哈根召开的社会发展问题首脑会议进行比较。社会发展会议在结束时，发出了关于应将资金用于社会优先事项的号召。千年发展目标鼓励人们将议程从投入资金转向发展成果上：将贫困人口减半，使儿童入学，等等。但是尽管取得了这样的进展，这些目标存在着两个弱点，它们都缺乏关注重心。

第一个严重缺乏关注的问题是，千年发展目标追踪的是地球上60亿人中50亿人的进步。当然，使联合国把几乎所有人都囊括在内在政治上是容易的。此外，援助机构更倾向于对发展挑战做出宽泛的定义，因为这可以为其工作人员发挥近乎全球性的作用提供理由。所付出的代价是，我们的努力过于分散，而那些只适合最底层那10亿人国家的战略，会消失在喋喋不休的争论中。现在到了重新定义发展问题并且把发展问题限定于最底层那 10 亿人的国家，即那些陷于贫困的国家的问题的时候了。当我向援助机构的听众传达这一主张时，人们开始坐立不安，他们中的一些人可能会想，"那我的职业生涯怎么办？"因为他们的工作地点将不再是里约，而是变成了班吉。而当我把信息传递给非政府组织的听众时，他们会变得不安的另一个原因是：他们中的许多人不愿意相信，对大多数发展中国家来说，全球资本主义正在发挥作用。他们憎恶资本主义并希望它失效。资本主义对最底层的 10 亿人不起作用还不够：他们想要资本主义在任何地方都束手无策。但是，我们不能为了满足两种自私的愿望，继续牺牲最底层的 10 亿人。

另一个关键的缺失，是对于实现目标的策略的关注。增长不是万能的，但是缺乏增长会毁了一切。在过去的 30 年里，最底层的 10 亿人错过了全球前所未有的增长。这种增长过程的失败，是我们必须破解的最大的难题。我曾试图向大家展示，打破增长的限制需要量身定做的战略。同样的方法不可能在所有地方奏效，但每个国家也不是完全不同的。最底层那 10 亿人的国家政府需要制定适合国情的战略。理论上，它们已经这样做了——只是在实践中，它们的"战略"通常更像是提交给捐助者的购物清单。这种战略思维的走形，部分原因是过分强调援助的作用：战略变成了购物清单，因为目标不是增长而是援助。最底层那 10 亿人的政府，需要变得更有野心才好。

普通人可以做什么

我们对最底层那 10 亿人的救助一直以来都以失败告终。

其中许多社会都在坠落,而不是崛起,它们共同地与世界其他地区渐行渐远。如果我们任由这种情况继续下去,我们的孩子将会面对一个令人震惊的分裂世界以及由此产生的所有后果。

情况不一定注定如此。最底层的10亿人并不是注定要在战争的泥潭中跋涉;他们的未来有一系列可能。与冷战相比,最底层的10亿人所面临的发展挑战并不令人生畏,但它确实需要我们认真对待。这就需要西方的选民转变态度,无论是左派还是右派。

左派需要改变对于西方的自我鞭笞和对于发展中国家的美化。贫穷并不浪漫。最底层那10亿人的国家不是进行社会主义实验的先行者,而是需要我们帮助它们沿着已经走过的建设市场经济的道路前进。国际金融机构不是针对穷国的阴谋的一部分,它们致力于帮助落后国家的发展。左派要学会热爱增长。援助不能只针对吸引眼球的社会优先事项;援助必须用来帮助那些国家打入出口市场。目前,左派中最有解释力的是杰弗里·萨克斯的《贫穷的终结》(The End of Poverty)一书。尽管我很赞同萨克斯热情洋溢的行动号召,但我认为他夸大了援助的重要性。单纯的援助无法解决最底层那10亿人的问题,我们需要一系列更广泛的政策。

右派需要摒弃将援助视为问题的一部分的认知,在他们看来,援助就是向乞丐和骗子提供福利。右派必须摒弃这样的观念,即只要社会可以重新凝聚、自我组织,水到渠成地就会增长。右派必须面对这样的事实:这些国家深陷泥潭,让它们与中国和印度竞争是困难的。事实上,右派必须认识到,全球市场上

第十一章 行动纲领

的私人活动，有时会给最贫穷的国家制造需要通过公共途径来解决的问题。即便是美国政府都没有强大到足以独自解决这些问题，因此解决这些公共问题需要各国通力合作。目前，右派中最有影响力的解释是经济学家威廉·伊斯特利（William Easterly）的《白人的负担》（The White Man's Burden）一书。伊斯特利嘲笑援助游说者的妄想是正确的。但正如萨克斯夸大了援助的回报一样，伊斯特利也夸大了援助的不利因素，并再次忽视了其他政策的空间。我们并不像伊斯特利想象的那样无能和无知。

所以，这与富裕社会的普通人有什么关系呢？选民们往往会选择他们信任的政客。富裕民主国家的一个典型例子就是所谓的"政治商业周期"。多年来，政府惯常在选举前花钱，人为地刺激经济，一旦连任之后，才会面对随之而来的混乱。最终，选民们意识到发生了什么，所以这种伎俩再也不能拉到选票。因此，政客们现在很少尝试这种做法。这种认识必须运用在为最底层的10亿人制定一系列政策的过程中。思维的转变仰仗于普通公民——那些能够读到这本书结尾的人。当然，在这么长的一本书中，我不可能列出所有的证据。但我希望我已经在三个核心主张上说服了你们，不幸的是，这三个主张都相当新颖，概述了我们的思维需要如何改变。

第一个主张是，我们现在面临的发展问题不是过去40年的问题：不是发展中国家世界50亿人的问题，也不是千年发展目标所追踪的问题。这是一个更有针对性的问题，约10亿人生活在那些陷入困境的国家中的问题。这是我们必须解决的，如果我们坚持目前的做法，即使指标数据显示情况正在变好，这个问题也可能是难以解决的。

第二个主张是，在最底层的10亿人的社会内部，存在着一场由试图实现变革的勇敢者与反对变革的强大群体之间针锋相对的斗争。最底层那10亿人的政治进程不似富裕民主国家的平淡而沉稳，而是处于道德两极之间的危险较量。最底层那10亿人的未来之争，不是邪恶的富人世界与高贵的穷人世界之间的较量，而是在最底层那10亿人的社会内部所发生的较量，迄今为止，我们更多的只是旁观者。

第三个主张是，我们不能继续袖手旁观。我们对变革的支持可以是决定性的。但是，我们不仅需要采取更聪明的援助手段，而且需要利用传统上不属于发展武器库之中的措施，采取补充行动：贸易政策、安全战略、修改我们的法律和起草新的国际章程。

简而言之，我们需要集中目标，扩大手段。这才应该是八国集团峰会的议程。

本书的研究基础

关于我目前的研究，可参见我的个人主页，网址：http://users.ox.ac.uk/~econpco。

本书中的研究基于的一些出版物：

作者本人

"Is Aid Oil? An Analysis of Whether Africa Can Absorb More Aid," *World Development* 34 (2006): 1482–97.

"Why the WTO Is Deadlocked: And What Can Be Done About It," *The World Economy* 29 (2006): 1423–49.

"Implications of Ethnic Diversity," *Economic Policy* 32 (2001): 127–55.

"African Growth: Why a 'Big Push'?" *Journal of African Economics*, 15, Supp. 2 (2006): 188–211.

与安克·赫夫勒的合作研究

"Unintended Consequences: Does Aid Promote Arms Races?" *Oxford Bulletin of Economics and Statistics*, 2007: 69. 1–29.

"Military Expenditure in Post-Conflict Societies," *Economics of Governance* 7 (2006): 89–107.

"Greed and Grievance in Civil War," *Oxford Economic Papers* 54 (2004): 563–95.

"Aid, Policy, and Growth in Post-Conflict Societies," *European Economic Review* 48 (2004): 1125–45.

"On the Incidence of Civil War in Africa," *Journal of Conflict Resolution* 46 (2002): 13–28.

"Aid, Policy, and Peace: Reducing the Risks of Civil Conflict," *Defence and Peace Economics* 13 (2002): 435–50.

与斯特凡·德尔肯（Stefan Dercon）的合作研究

"The Complementarities of Poverty, Equity and Growth," *Economic Development and Cultural Change* 55 (2006): 223–36.

与凯瑟琳·帕蒂略的合作研究

Investment and Risk in Africa (New York: St. Martin's Press, 2000).

与安克·赫夫勒、凯瑟琳·帕蒂略的合作研究

"Africa's Exodus: Capital Flight and the Brain Drain as Portfolio Decisions," *Journal of African Economics* 13, Supp. 2 (2004): 15–54.

"Capital Flight as a Portfolio Choice," *World Bank Economic Review* 15 (2001): 55–80.

与安克·赫夫勒、蒙斯·索德博姆的合作研究

"On the Duration of Civil War," *Journal of Peace Research* 41 (2004): 253–73.

与拉尼·埃利奥特（Lani Elliott）、哈瓦德·赫格雷、安克·赫夫勒、

玛塔尔·雷诺-克罗尔和尼克·桑巴尼斯（Nick Sambanis）的合作研究

Breaking the Conflict Trap (New York: Oxford University Press, 2003).

与扬·威廉·冈宁（Jan Willem Gunning）的合作研究

"Explaining African Economic Performance," *Journal of Economic Literature* 37 (1999): 64–111.

"Why Has Africa Grown So Slowly?" *Journal of Economic Perspectives* 13 (1999): 3–22.

Trade Shocks in Developing Countries, Vol. 1; Africa (Oxford: Clarendon Press, 1999)

和杜大伟的合作研究

Globalization, Growth and Poverty (New York: Oxford University Press, (2002).

"Aid Allocation and Poverty Reduction," *European Economic Review* 46 (2002): 1475–1500.

与阿恩·比斯滕（Arne Bigsten）、斯特凡·德尔肯、马塞尔·法尚（Marcel Fachamps）、伯纳德·戈捷（Bernard Gauthier）、扬·威廉·冈宁、阿贝娜·奥杜罗（Abena Oduro）、凯瑟琳·帕蒂略、蒙斯·索德博姆、弗朗西斯·蒂尔（Francis Teal）和阿尔伯特·祖法克（Albert Zeufack）共同的研究

"Do African Manufacturing Firms Learn from Exporting?" *Journal of Development Studies* 40 (2004): 115–41.

索引

（按照汉语拼音顺序排列；页码请参见本书边码）

《2005年全球腐败报告》（Global Corruption Report 2005）138

A

阿巴查，萨尼（Abacha, Sani）135-136

阿富汗（Afghanistan）31, 146

阿明，伊迪（Amin, Idi）89, 155

埃塞俄比亚（Ethiopia）113

埃亚德马，纳辛贝（Eyadéma, Gnassingbé）130

艾滋病（AIDS）31

爱尔兰共和军（Irish Republican Army [IRA]）22

安哥拉（Angola）26, 28, 86-88：石油公司（oil companies）141-142, 144-145

安哥拉人民解放运动（Popular Movement for the Liberation of Angola [MPLA]）26

安全（security）177-178

奥康奈尔，史蒂夫（O'Connell, Steve）84

奥孔约—伊韦拉，恩戈齐（Okonjo-Iweala, Ngozi）116, 150, 161

奥耶福西，阿德罗卓（Oyefusi, Aderoju）30

B

八国集团（G8）：议程（agenda）13, 192；对非洲的双倍援助（doubling aid to Africa）100, 138；由八国集团协调的政府（governments coordinated by）189；首脑会议（summit）100, 121, 138

八国集团政策（G8 policy）62：与冲突陷阱相关的（conflict trap relating to）37；与失败国家相关的（failing states relating to）73-75；与自然资源陷阱相关的（natural resource trap relating to）52

巴格沃蒂，贾格迪什（Bhagwati,

Jagdish）158

巴桑乔，奥卢塞贡（Obasanjo, Olusegun）48

《白人的负担》（威廉·伊斯特利著）（*The White Man's Burden* [William Easterly]）191

班达，海斯廷斯（Banda, Hastings）69

邦奇威，基斯（Botchwey, Kwesi）181

暴力犯罪（violent crime）34

本·拉登，奥萨马（bin Laden, Osama）31

边缘化（marginalization）79-96, 120-22

变革（change）12；法律（Law）185；军事介入（military intervention）184；冲突后的可能性（postconflict potential for）94；在社会中（in societies）xi；支持（support for）192；贸易政策（trade policy）187

便利费（facilitation payment）137

波斯尼亚（Bosnia）127

博茨瓦纳（Botswana）50

博诺（Bono）188

不满（grievances）18, 22；意识（awareness of）30；公然的（flagrant）24

不同的部分（fiefdoms）122

布基纳法索（Burkina Faso）53, 63

布莱尔，托尼（Blair, Tony）7, 138

布伦特斯帕尔（Brent Spar）145

布什，乔治·W（Bush, George W.）74-75, 110, 188

部队（troops）：英国的（British）127-28；危险（danger for）125, 127；维护和平（peacekeeping）126

C

财政部长（Ministry of Finance）150

采掘业透明度倡议（Extractive Industries Transparency Initiative）138, 140-41, 143, 178-79, 185

查韦斯，乌戈（Chávez, Hugo）65

成本（costs）：行政（administrative）118；内战（of civil war）27-32；失败国家（of failing states）73-74, 114；军事介入（of military intervention）74-75；战后（postwar）28；内陆国家的交通（transport, for landlocked countries）55

成本—竞争力（cost-competitiveness）83

成本效益分析（cost-benefit analysis）32

承诺技术（commitment technologies）155

赤道几内亚（Equatorial Guinea）10

冲突（conflict）：成本（costs）31；冲突后军费开支的威慑力（postconflict military spending deterring）132；预防（prevention）178；可能性（probability of）128；倒回的可能性（risk of reversion to）153

冲突后（postconflict）27：援助（aid）177；冲突后状况下的章程（charter for, situations）151-53, 178, 186 持续转型的国家（countries sustaining turnaround）72-73；冲突后社会之中的犯罪（crime in, society）33；维护和平（maintaining peace）126-129；阻止冲突的军事开支（military spending deterring conflict）132；政治进化（political evolution）152；改

索引

变的潜力（potential for change）94；复发（relapses）34；回到冲突（reverting to conflict）131；冲突后社会的安全（security for, societies）177-178；高度风险的状况（situations, high risk in）133

冲突石油（conflict oil）144

冲突陷阱（conflict trap）x, x, 32-36；与冲突陷阱相关的援助（aid relating to）104-107；八国集团政策相关（G8 policy relating to）37；介入的要点（points of intervention for）177-78

冲突钻石（conflict diamonds）21

出版自由（free press）48

出海通道（coastal access）59-60

出口多样化（export diversification）85, 87, 120；解决最底层的10亿人困境的答案（as answer for bottom billion）166-167；开端（beginning）167-170；荷兰病的阻碍（Dutch Disease hindering）178

出口信贷担保部（Export Credits Guarantee Department [ECGD]）154

初级商品出口（primary commodity exporting）81

除武器外一切都行（Everything but Arms [EBA]）168-169

D

大勒索（grand extortion）133

戴比尔斯（De Beers）21, 136, 144

地理学（geography）26, 54

地区性避风港（regional haven）60

迪奥戈，路易莎（Diogo, Luisa）132

敌意（hostility of）6；资源匮乏经济体参与（resource-scarce economies joining）85

第二次世界大战（World War II）176

第三世界（Third world）3

电子服务（E-services）60-61

东帝汶（East Timor）127, 142

东欧（Eastern Europe）139

独立服务机构（independent service authority）118, 120

杜大伟（Dollar, David）103

杜慕西-穆特比勒，伊曼纽尔（Tumusiime-Mutebile, Emmanuel）150, 161

多边投资担保机构（Multilateral Investment Guarantee Agency [MIGA]）154–55

多哥（Togo）130

E

厄立特里亚（Eritrea）138

恩庇政治（patronage politics）45-46

F

发展（development）xi xi：援助（aid）100, 134；武器库（armory）192；被分配到援助机构（assigned to aid agencies）12-13；事务／呼吁（biz/buzz）4；挑战（challenge）3；委员会（commission）7；失败（failures）x；全球（global）xi；海湾（gulf）11；部长（ministry）188；问题（problem）192；在发展之中的角色（role of growth in）8-13；回合（round）

171；陷阱（traps）5-8, 13
法国（France）113
法律（laws）：变化（changing）156；鼓励私人投资（encouraging private investment）183；促进变革（mobilizing changes in）185；由于法律造成的问题（problems caused by）135-136
繁荣与萧条现象（boom-and-bust phenomenon）40
反抗运动（rebel movements）：挑战（challenges for）132；公然的不满（flagrant grievances held by）24；资助（funding for）22；正当性（justification of）18；招募（recruitment for）29-30
反抗组织（rebel group）参见"反抗运动"
非军事化（nonmilitary）75；参见"军事介入"
非政府组织（NGO [Non-governmental organization]）155, 157, 159, 185, 187
非洲（Africa）67, 166–167, 181, 188：资本缺乏（capital scarcity）87；政变（Coups）36；发展问题中心（developmental problem centered）7；出口多样化（diversifying exports）85；失败国家主题（failing countries concentrated）3；八国集团峰会双倍援助（G8 summit doubling aid to）100, 138；内陆国家（landlocked countries）57；也请参见特定国家的条目
非洲工业调查（Industrial Surveys of Africa）166-67
非洲经济研究联合会（African Economic Research Consortium）84

非洲联盟（African Union）130
非洲同行审议机制（African Peer Review Mechanism）151
非洲委员会（Commission for Africa）7, 188
非洲增长与机遇法案（African Growth Opportunity Act）83, 168–169
菲律宾（Philippines）61
费伦，吉姆（Fearon, Jim）23
分化（divergence）10, 164-165
风险（risk）20, 32：与经济相关（according to economy）34；增长降低（growth reducing）32, 106；冲突后状态高企（high in postconflict situations）133；投资最底层10亿人的风险（of investing in bottom billion）88-89；高的投资机遇（investment opportunities with high）92；援助机构的操作（in operations of aid agencies）117；被资源开采公司所认知（perceived by resource extraction companies）61；价格（price）140-41；转型评级（rating reflecting turnaround）89；乌干达的评价（ratings of Uganda）89；在反叛组织/政变（in rebellions/coups）105；冲突的返回（of reversion to conflict）153
风险援助基金（venture aid fund）117
风险援助基金（venture capital fund）117
腐败（corruption）：建筑业腐败（in construction sector）137-38；中心点（epicenters of）137-38；金钱腐败（in money）136, 138
复发（relapse）27, 34

索引

富裕的国家（rich-countries）157

G

改善（improvement）：政策（policy）90；持续的（sustained）70, 139；

盖伊，罗贝尔（Gueï, Robert）129

刚果共和国（Republic of the Congo, 21

刚果民主共和国（Democratic Republic of the Congo）34, 55

哥本哈根社会发展问题首脑会议（Copenhagen Social Summit）189

革命统一战线（Revolutionary United Front [RUF]）29

格林纳威，戴维（Greenaway, David）159

根本原因（root causes）22

工业化（industrialization）62

公共服务条款（public service provisions）46, 120：政府准备 government providing）66；自然资源资助 natural resources financing）140

公共投资项目（public investment project）48

公共意见（public opinion）183-84

公共支出（public spending）141-42

古巴（Cuba）12

雇佣政策（employment policies）145

关税（tariffs）：增加（escalation of）160；经合组织设置（OECD imposing）168

关税增加（tariff escalation, 160

关注点（focus）189-190

规范（norms）139

国际保险（international insurance）154

国际标准（international standards）140, 143

国际发展部（Department for International Development）13, 187

国际发展署（Agency for International Development）12

国际发展组织（International Development Association [IDA]）171-72

国际复兴开发银行（International Bank for Reconstruction and Development [IBRD]）171

国际货币基金组织（International Monetary Fund [IMF]）8, 40, 58, 67, 186

国际章程（international charters）139：反对（opposition of）182；颁布（promulgation of）185

国际仲裁（international arbitration）154

国家的自主地位（country ownership）108

国家政策与制度评估（Country Policy and Institutional Assessment）67

国内的军事力量（domestic militaries）131

国内投资者（domestic investors）154-55

H

海外私人投资公司（Overseas Private Investment Corporation [OPIC]）154

航空运输（air transport）60-61

和平（peace）131

荷兰病（Dutch disease）39-40, 50, 56, 121：出口的多样化被阻碍（diversifying

exports hindered by) 178；终结（ending) 182；抵消（offsetting) 122；作为补救的贸易自由化（trade liberalization as remedy for) 163

赫夫勒，安克（Hoeffler, Anke) 17, 23, 33, 91, 93, 103-4, 123, 127, 132-33, 152

赫格雷，哈瓦德（Hegre, Harvard) 34

环境损害（environmental damage) 31

环境政策（environmental policies) 145

汇款（remittances) 61

贿赂（bribery) 137, 148-49

J

《机构投资者》（Institutional Investor) 89, 92-93

基础设施（infrastructure) 59, 108, 121, 138

基督教援助组织（Christian Aid) 155, 157-59, 162, 163

基利科特，菲尔（Killicoat, Phil) 33

吉巴基，姆瓦伊（Kibaki, Mwai) 181

吉通戈，约翰（Githongo, John) 181

技能（skills) 111-115

技术协助（technical assistance) 112：递送（delivery of) 181；在经济改革中（in economic reform) 114；作为紧急救援（as emergency relief) 115；在失败国家（in failing states) 113-14；金钱相关的（money relating to) 116

建设和平委员会（Peace-Building Commission) 186

建筑业（construction sector) 137-138

交通基础设施（transport infrastructure) 59

教育（education) 93–94

结构调整程序（structural adjustment program) 41

解放（liberation) 23

介入（interventions) 72；军事成本（cost of military) 74-75；在冷战结束的时候（at end of Cold War) 106

金伯利进程（Kimberley Process) 179

金钱（money)：公共开支的替代系统（alternative system for spending public) 119；贪污（corrupt) 136, 138；改革适得其反（counterproductivity for reform of) 115–116；将资金用于公共服务的政府（governments transforming into public services) 66；与之相关的技术协助（technical assistance relating to) 116

津巴布韦（Zimbabwe) 64, 86, 109

进口限制（import restrictions) 169

经济（economy)：有关经济的风险（risk according to) 34；疲软（weakness) 21

经济成功（economic success) 47

经济改革（economic reform)：在援助之前的（aid prior to) 117-20；最底层的10亿人的（in bottom billion) 143；最想进行经济改革的国家（countries with strongest) 89；受教育的人实现（educated people implementing) 71；失败国家的（in failing states) 72-73, 180-182；失败（failure of) 85；由经济改革引发的增长（growth induced by) 41；起到反作用的资金（money as counterproductive for）115-116；尼日利亚的（in Nigeria）64-65；在政治上的困难（political difficulty of）90；需要的技能（skills required for）111-115；经济改革的技术协助（technical assistance in）114；技术性（technicality of）67；津巴布韦开启的（Zimbabwe launching）109

经济合作与发展组织（Organisation for Economic Co-operation and Development [OECD]）112, 137, 151, 155, 185；施加的关税（tariffs imposed by）168 贸易政策（trade policy of）159-60

经济机遇（economic opportunities）29-30, 66

经济学（economics）ix, 17

经济政策（economic policies）：和援助有关的（aid relating to）102-103, 109；孟加拉国的（in Bangladesh）68；在最底层的10亿人（in bottom billion）179；最底层的10亿人需要更宽范围的（bottom billion requiring wider range of）191；条件（conditionality of）109；和经济增长进程有关的（growth process relating to）64-65；邻国改善（neighbors improving）59；和机遇有关的（opportunities relating to）29-30, 66；转变（transforming）79；世界银行基于经济政策发放援助（World Bank disbursing aid based on）109

经济政策研究中心（Centre for Economic Policy Research）158

竞争（competition）160-63

聚集经济效应（economies of agglomeration）82

绝望（hopelessness）20

军费开支（military spending）103：政变增加的（coups increasing）133；政府控制（government controlling）132；冲突后（postconflict）27

军事独裁（military dictatorship）48

军事介入（military intervention）179：引发对军事介入的支持（arousing support for）124；动员改变（mobilizing changes in）184；机遇（opportunities for）128-129；在索马里（in Somalia）125-126

K

卡比拉，洛朗（Kabila, Laurent）21

卡拉什尼科夫（Kalashnikovs）33

卡山伟华（Saro-Wiwa, Ken）30

卡扎菲，穆阿迈尔（Qaddafi, Muammar）21

凯西—帕蒂略（Pattillo, Cathy）88, 91, 93, 123

科菲，安南（Annan, Kofi）158

科特迪瓦（Côte d'Ivoire）113, 129, 131

科威特（Kuwait）38, 124-25

克勒，霍斯特（Köhler, Horst）7

克林顿，比尔（Clinton, Bill）187

克鲁格曼，保罗（Krugman, Paul）54, 82, 122

肯尼亚（Kenya）40, 108, 181

肯尼亚非洲民族联盟（Kenya African

National Union [KANU]）181
肯尼亚咖啡繁荣（Kenyan coffee boom）40
跨境贸易（cross-border trade）58
快速反应部队（Rapid reaction force）129-130
困境（limbo）96, 182

L

拉齐拉卡，迪迪埃（Ratsiraka, Didier）83
拉瓦卢马纳纳，马克（Ravalomanana, Marc）161
拉詹，拉古拉姆（Rajan, Raghuram）121
莱汀，戴维（Laitin, David）23
雷尼卡，里娃特（Reinikka, Ritva）150
冷战（Cold War）124, 191
里根，罗纳德（Reagan, Ronald）67
联合国（United Nations）3, 19, 127-29, 186, 190
联合国维和部队（UN peacekeepers）127
邻国（neighbors）54：从邻国得到的好处（benefiting from）56；增长的外溢效应（growth spillovers from）58–59；提升经济政策（improving economic policies of）59；内陆国家市场的准入（landlocked countries accessing markets of）165；作为市场（as markets）55
卢旺达（Rwanda）125

M

马达加斯加（Madagascar）83-84, 161, 169, 183

马拉维（Malawi）69
马来西亚（Malaysia）88
玛尔塔·雷诺-克罗尔（Reynol-Querol, Marta）28
麦克米兰，麦琪（McMillan, Maggie）140
麦克米伦，约翰（McMillan, John）148
毛里求斯（Mauritius）85
贸易（trade）：主张（advocacy）157-158；壁垒（barriers）160-163, 171；公平（fair）163；自由（free）164；自由化（liberalization）161, 163；与最底层10亿人相关（relating to bottom billion）81-87；限制（restrictions）82；相关的技术（technology of）60-61
贸易政策（trade policy）59, 159-160：改变（changing）122, 187；的基督教援助组织的活动（Christian Aid campaign for）157-159；推动变革（mobilizing changes in）187；富裕国家（rich-country）159-60
媒体（media）67, 147, 148, 150
美国国防部（U.S. Department of Defense）12
美国国际开发署（USAID）110
蒙特西诺斯，弗拉基米罗（Montesinos, Vladimiro）148
孟加拉国（Bangladesh）65, 68
民主（democracy）：最底层的10亿人的（in bottom billion）71；竞选开支（campaign spending in）149；章程（charter for）146-49, 180；失调的（dysfunctional）51；选举竞争（electoral competition in）47；强调症状限制（emphasizing political restraints）50；与自然资源相

关（natural resources relating to）43；在尼日利亚（in Nigeria）50；与石油相关（oil relating to）42-43；也请参见资源丰富的民主国家

民主权利（democratic rights）37

莫桑比克民族抵抗组织（Mozambican National Resistance [RENAMO]）29

莫伊，丹尼尔·阿拉普（Moi, Daniel Arap）181

谋杀率（homicide rate）34

目的（purpose）xii

穆加贝，罗伯特（Mugabe, Robert）64, 86, 155, 185

N

南非（South Africa）152

难民（refugees）28

内陆国家（landlocked countries）79；非洲的（of Africa）57；对内陆国家的援助（aid for）107-108；增长（growth in）56；生命线（lifelines for）179-180；邻国市场的可及性（neighboring markets accessed by）165；内陆国家的邻国（neighbors of）54；资源匮乏的（resource-scarce）57, 62-63；运输成本（transport costs for）55

内在动机选择（Selection by intrinsic motivation）111

内战（civil war）x：在最底层的10亿人里（in bottom billion）17-18；原因（causes of）18-26；结果（consequences of）126；成本（costs of）27-32；从……出现（emergence from）70-72；终结（end of）27；与其关联的种族主导（ethnic dominance relating to）25；地理因素（geography contributing to）26；低收入的原因（low income causing）19-20；自然资源（natural resources）21-22；持续（persistence of）26-27；预测（prediction of）19；缓慢增长的原因（slow growth causing）20-22；作为陷阱（as trap）17–18, 32

能力建设（capacity building）112

尼日利亚（Nigeria）30, 39, 116, 144, 151, 180：制衡（checks and balances in）48；民主（democracy in）50；石油冲击（oil crash in）40-41；改革阶段（reform phase of）64-65

牛津革命社会主义学生会（Oxford Revolutionary Socialist Students）ix

挪用（embezzlement）45

O

欧盟（European Union）80, 139, 147, 164-165, 170

欧盟委员会（European Commission）104, 186

P

帕利泽行动（Operation Palliser）127-128

皮尔逊委员会（Pearson Commission）7

贫困（poverty）：参见"全球贫困"

贫困效率（poverty efficiency）104

《贫穷的终结》（杰弗里·萨克斯著）（*The End of Poverty* [Jeffery Sachs]）191

Q

歧视（discrimination）24
千年发展目标（Millennium Development Goals）3, 11, 189, 192
敲诈（extortion）：援助（aid）v., 134；大的（grand）133
乔杜里，马亨德拉（Chaudhry, Mahendra）24
区域整合（regional integration）164-166
趋同（convergence）80, 84, 164-65
去本地化（delocalization）83
权力（power）：政治的限制（political restraints on）47；使用（use of）147
全球公共产品（global public goods）156
全球化（globalization）6, 88, 175：准备的资本（capital provided by）87；最底层10亿人的结局（consequences for bottom billion）81, 95；提供的机遇（opportunities provided by）10；发展中国家的分歧（ramifications on developing countries）80
全球经济系统（global economic system）x, 93
全球贫困（global poverty）x, 191：低收入的意义（low income meaning）20；降低（reduction）11；自然资源财富的贡献（resource wealth contributing to）39
全球市场（global market）：最底层10亿人参与的（bottom billion joining）86：打入（breaking into）83
全球援助预算（global aid budget）32
全球资本主义（global capitalism）5
"全政府"的办法（"Whole-of-government" approach）13

R

人口（population）：增长（growth）6；影响转型（turnaround influenced by）70-72
人类发展指数（Human Development Index）25
人力资本（human capital）93
瑞士（Switzerland）55, 56-57

S

撒切尔，玛格丽特（Thatcher, Margaret）67
萨达姆，侯赛因（Hussein, Saddam）42, 49, 51, 75
萨赫勒（Sahel）180
萨克斯，杰弗里（Sachs, Jeffrey）5, 41, 54, 105, 191
萨苏-恩格索，德尼（Sassou-Nguesso, Denis）21
萨文比，若纳斯（Savimbi, Jonas）28, 87
塞科，蒙博托·塞塞（Seko, Mobutu Sese）155
塞拉利昂（Sierra Leone）25, 29, 127-29
桑贝特，拉马（Sembet, Lemma）94
桑科，福戴（Sankoh·Foday）25, 28
沙加里，谢胡（Shagari, Shehu）48
上帝抵抗军（Lord's Resistance Army）28
少数民族（ethnic minorities）23
社会（society）：其中的改变（change in）xi；冲突（conflicts of）17；冲突后的犯罪（crime in postconflict）33-34；失败通知（failure informing）

索引

66；脆弱性（fragility of）33；被拯救（rescued from within）96；资源丰富的（resource-rich）42；在最底层的10亿人之间挣扎（struggle within bottom billion）192；

社会经济学数据（socioeconomic data）18

失败（failure）：增长（growth）190；改革（of reforms）85；吸取失败教训的社会（societies learning from）66；也请参照"失败国家"

失败国家（failing states）68：在失败国家的援助机构（aid agencies in）118；在最底层的10亿人中（in bottom billion）69；代价（costs of）73-74, 114；经济改革（economic reform in）72-73, 180-82；八国集团的相关政策（G8 policy relating to）73-75；增长率（growth rate of）74；失败国家的技术协助（technical assistance in）113-114；转型（turnarounds in）69

石油（oil）：在安哥拉（in Angola）141-42, 144-45；承受了价格风险的公司（companies bearing price risk, 140-41）；在尼日利亚的危机（crash in Nigeria）40-41；世界范围的价格危机（crash in world prices of）65；与民主相关的（democracy relating to）42-43；从石油中获得的政府收入（governance of revenues from）142-43；降低增长率（growth lowered by）102；在中东（in Middle East）52；石油在最底层的10亿人中的收入（revenue in bottom billion）101

世纪挑战账户（Millennium Challenge Account）110, 188

世界经济展望（World Economic Outlook）8

世界贸易组织（World Trade Organization [WTO]）4, 155, 160,170-172

世界银行（World Bank）58, 65：支付援助（disbursing aid）109；参与政治事务（involvement in political matters）186；作为互相协作的组织（as mutual assistance organization）171；尼日利亚人的理解（Nigerian perception of）41；办公室（offices of）4；保护其免遭政治影响（protection from political influence on）104；研究机构（search department）11, 53；支持转型（supporting turnarounds）117

世界银行认为（World Bank perceived by）41

世界政府（world government）183

收入（income）7：在最底层的10亿人（in bottom billion）8-9；差距（gap）10；由初级出口商品所造成（generated by primary commodity exporting）81；不平等（inequality）23-24；确保安全的水平（level to ensure safety）99；低下（low）26；与战争相关（relating to war）19-20；资源盈余增加（resource surplus increasing）44

收益递减（diminishing returns）100

私人投资（private investment）87

私人支出（public expenditure）44

私人资本流出（Private Capital Outflows）91-93：参见"资本"

私人资本流入（Private Capital Inflows）88-91, 95；参见"资本"
斯德哥尔摩和平研究所（Stockholm Peace Research Institute）103
斯蒂格利茨，乔（Stiglitz, Joe）ix, xi
斯佩特，乔治（Speight, George）24-25
斯文森，雅各布（Svensson, Jakob）150
索德博姆，蒙斯（Söderbom, Måns）152
索鲁杜，查尔斯（Soludo, Charles）151, 180
索马里（Somalia）25, 94, 125-26

T

泰米尔猛虎组织（Tamil Tigers）22
藤森·阿尔韦托（Fujimori, Alberto）148
条件（conditionality）67, 109-111
投票（voting）45：在最底层的10亿人中（in bottom billion）45；成本效益的增加（cost-effective increase in）47；工资差距（Wage gap）84；也请参见"选举竞争"
投资（investment）：章程（charter for）153-56；鼓励私人投资的法律（laws encouraging private）183；投资率与投资回报率（rate of v. return on）44
投资不足（underinvesting）44
透明国际（Transparency International）65

W

外包（outsourcing）参见"去本地化"
外汇（foreign currency）91, 162
韦恩斯坦，杰里米（Weinstein, Jeremy）29
维纳布尔斯，托尼（Venables, Tony）54, 82, 122, 158-59, 164
沃尔芬森，吉姆（Wolfensohn, Jim）11
乌干达（Uganda）55, 57, 59, 150, 166：与海岸相连（link to coast）108；风险的评级（risk ratings of）89；持续增长率（sustained growth rates in）63

X

希望（hope）9
陷阱（traps）：在最底层10亿人之中（within bottom billion）37；定义（defining）5-8；发展（development）5-8, 13；展现出来（emerging from）80, 95；未来（future）95-96；逃离所需的设备（instruments for escaping）176；可能性（probability of）79；被⋯影响的资本回报（return on capital influenced by）92；作为战争（war as）17-18, 32
"向东看"策略（"Look east" strategy）86
消费者压力（consumer pressure）146
小政府（minimal state）65
肖特，克莱尔（Short, Clare）159, 184
肖韦，莉萨（Chauvet, Lisa）67, 73, 75, 111, 112-13, 118
协调（coordination）187-89
信誉（credibility）90-91
行政费用（administrative costs）118
虚假意识（false consciousness）41
选举竞争（electoral competition）最底层的10亿人的（in bottom billion）146；贿选（bribery in）45；民主制度下的（in democracy）47；克服增长

索引

瓶颈（growth blockage overcome by）50；租金改变（rents altering）44；不受约束的（unrestrained）49

选择组合（portfolio choice）92

Y

亚非学院（School of Oriental and African Studies）158

亚洲（Asia）167-170

研究（research）xii-xiii, 18

伊拉克（Iraq）52, 74-75, 124-25

伊斯特利，威廉（Easterly, William）191

移居国外（emigration）61, 94, 121

移民（immigration）61

移民（migration）93-95

意大利（Italy）113

银行（banks）136

印度（India）60, 120

印度尼西亚（Indonesia）92

印象（images）xii

英国贸易和工业部（British Department of Trade and Industry）12

英联邦（British Commonwealth）186

英联邦发展公司（Commonwealth Development Corporation）24

营养不良（malnutrition）8

永续盘存法（perpetual inventory method）92

预算（budget）：政变增加（coups increasing）133；全球援助（global aid）32；支持（support）101, 112；透明度（transparency）149-151, 180

预算支持（budget support）101, 112

原产地规则（rules of origin [ROOs]）169

援助（aid）：吸收（absorption）101；吸引（attracting）62；最底层的10亿人接收资本（bottom billion receiving capital）87；资本外逃的减少（capital flight reduced）123；集中（concentration）122；与冲突陷阱相关（conflict trap relating to）104-107；被鼓励的政变（coups encouraged by）105, 180；批判（critique of）40；发展（for development）100, 134；经济政策相关（economic policies relating to）102-103, 109；在……后的经济改革（economic reform after）117-120；有效率的条款（effective provision）179；出口部门得到好处（export sector benefiting from）121；出口敲诈（extortion）134；八国集团峰会使之翻倍（G8 summit doubling）100, 138；治理/政策相关（governance/policies relating to）102-103, 108-111；作为激励手段（as incentive）108-111；内陆国家接受（landlocked countries receiving）107-108；边缘化相关（marginalization relating to）120-122；自然资源陷阱相关（natural resource trap relating to）107；政策改变（policy changes for）183-184；政治分歧（political disagreements over）99-100；冲突后社会接受援助（postconflict societies receiving）177；改革之前（prior to reform）117-120；提供（providing）xi；促进增长（raising growth）102；作为巩固手段（as reinforcement）115-117；要求接受援

助（requirements for receiving）67；技术援助（as skills）111-115；时间（timing of）106；贸易壁垒相关（trade barriers relating to）162-163；发放（disbursing）109

援助机构（Aid agencies）103-104：关注最底层的10亿人（bottom billion as focus of）136-137；集中（concentration of）184；被分配的发展任务（development assigned to）12-13；在失败国家（in failing states）118；不同的部分（fiefdoms）122；机遇（opportunities for）114-115；操作中的风险（risk in operations of）117

Z

增长（growth）8-13；援助筹集（aid raising）102；在博茨瓦纳（in Botswana）50；布基纳法索/乌干达增长的维持率（Burkina Faso/Uganda sustaining rates of）63；由于增长缓慢导致的内战（civil war resulting from slow）20-22；在发展中的角色（development role of）8-13；与经济政策/治理相关（economic policies/governance relating to）64-65；经济改革引发的（economic reform inducing）41；选举竞争克服困难（electoral competition overcoming blockage to）50；种族多样性相关（ethnic diversity relating to）49；失败（failure of）190；缺乏，导致了内战（lack of, leading to civil war）20-22；在内陆国家（in landlocked countries）56；利用自然资源财富（natural resource wealth harnessed for）38；石油产量降低（oil lowering）102；人口（population）6；最底层的10亿人的增长率（rate of bottom billion）9-12, 35, 100；失败国家的增长率（rate of failing states）74；降低风险（reducing risk）32, 106；向邻国溢出（spilling over from neighbors）58-59；策略（strategy）58

"增长对穷人有利"（"Growth is Good for the Poor"）11

乍得（Chad）65-66, 119, 149

乍得—喀麦隆输油线（Chad-Cameroon oil pipeline）119

债务减免（debt relief）102

战后成本（postwar costs）28

战争（war）：参与者（anticipation of）20；经济因战争受损（economic damage relating to）33；自然资源（natural resource）26；风险（risk of）19；也请参见"内战"

章程（charter）：预算透明性（for budget transparency）149-151, 180；民主（for democracy）146-149, 180；投资（for investment）153-156, 183；自然资源收入（for natural resource revenue）140-146；冲突后状态（for postconflict situations）151-153, 178, 186

折现值（discounted present value）74

争取安哥拉彻底独立全国联盟（National Union for the Total Independence of

索引

Angola [UNITA]）26, 28, 87
政变（coups）：非洲作为中心点（Africa as epicenter of）36；援助推动的（aid encouraging）105, 180；最底层10亿人的问题（bottom billion problem with）131；原因（causes of）35；在中非共和国（in Central African Republic）58；军事预算增长到（military budget increased by）133；保护免遭（protection against）129
政策不一致（policy incoherence）160
政策工具（policy instruments）12
政府（governments）：最底层那10亿人的国家（of bottom billion countries）4-5, 190；政策的协调范围（coordinating range of policies）xi；多方面之间的协调（coordination between multiple）188-189；政府导致的歧视（discrimination perpetrated by）24；发出的暗示（intentions signaled by）90-91；控制军事支出（military spending controlled by）132；将资金转移到公共服务（transforming money into public services）66；对待投资者（treatment of investors）153
政客（politicians）24, 66-67
政治（politics）：关于援助的争论（arguments in, regarding aid）99-100；固有的冲突（conflict inherent in）17；裙带政治（patronage）45-46；与其相关的资源盈余（resource surplus relating to）44
政治发展陷阱（political development trap）51
政治分歧（Political divide）xi-xii
政治权利（political rights）23
政治商业周期（political business cycle, 192
政治限制（political restraints）：民主强调（democracy emphasizing）50；热情（enthusiasm for）147；对权力的（on power）47；作为公共商品（as public good）51；资源收入弱化（resource revenues weakening）46
指导（supervision）118
制衡（checks and balances）147-48；在尼日利亚（in Nigeria）48；租金腐蚀（rents eroding）46-47
制造业（manufacturing）160-162
治理（governance）：与援助相关的（aid relating to）102-103, 108-111；在孟加拉国（in Bangladesh）68；在最底层的10亿人中（in bottom billion）136, 179, 185；条件（conditionality）110；相关的增长进程（growth process relating to）64-65；石油资源的（of oil revenues）142-143；与机遇相关的（opportunities relating to）66；转型（transforming）79
中等教育（secondary education）70-72
中东（Middle East）92
中非共和国（Central African Republic）4, 53, 55, 58
中国（China）49, 66, 86, 120, 186
中亚（Central Asia）3
种族多样性（ethnic diversity）49
种族忠诚（ethnic loyalties）45
主导族群（ethnic dominance）25

专业（specialization）x
专制政体（autocracy）43, 47, 49-50
转型（turnarounds）：流产（aborting）90；在失败国家（in failing states）69；初期的（incipient）71-72；人口影响（population influencing）70-72；在冲突后的国家之中（in postconflict countries）72-73；先决条件（preconditions for）70-71；反应出风险评级（risk ratings reflecting）89；统计（statistics of）69-70；成功的值（value of successful）75；世界银行支持（World Bank supporting）117
资本（capital）：绕过了最底层的10亿人（bypassing bottom billion）88-91；全球化准备（globalization providing）87；流入最底层的10亿（inflow of bottom billion）87-91, 95；流出最底层的10亿人（outflow of bottom billion）91-93；在非洲的不足（scarcity in Africa）87；令人沮丧的陷阱的回归（traps depressing return on）92
资本外逃（capital flight）120-21, 123
资源（resource）：发现（discoveries）9-10；提取（extraction）137-38；前景（prospecting）61；收入（revenues）46；也请参见"自然资源"
资源丰富的民主（resource-rich democracy）44：面对危险（dangers facing）49；作为经济的成功（as economic success）47；表现不佳（underperformance of）44
资源盈余（resource surplus）：提高收入（increasing income）44；与政治相关（politics relating to）44
资源诅咒（resource curse）39；核心（heart of）42；转移（shifting）52
子孙基金（future-generations fund）142
自然资源（natural resources）：与收入相关的章程（charter for revenues of）140-46；被自然资源影响的内战（civil war influenced by）21-22；清理收入（cleaning up revenues from）144；与民主相关的（democracy relating to）43；依赖（dependence upon）175；删除（depletion of）79；自主公共服务（financing public services）140；为了增长而利用（harnessed for growth）38；缺乏自然资源的内陆国家（landlocked countries scarce in）57, 62-63；由此造成的贫困（poverty created by）39；由此引发的反叛运动（rebellion motivated by）30, 105；确保共赢（securing supplies of）86；自然资源丰富的社会（societies rich in）42；盈余（surpluses of）43；收入的波动（volatile revenues of）40；因自然资源而爆发的战争（war over）26
自然资源陷阱（natural resource trap）50-52；援助相关的（aid relating to）107；避免问题（avoiding problems of）62；打破（breaking）115, 178-179；与之相关的八国集团的政策（G8 policy relating to）52；理解（understanding）38-39
自由之家（Freedom House）48
租金（rents）38, 41, 147：改变选举竞

索引

争（altering electoral competition）44；权力制衡被其削弱（checks and balances eroded by）46-47；估算（estimating）43

钻石（diamonds）136，144；也请参见"冲突钻石"

最底层的10亿人（Bottom billion）11-12：获取/维持变革（achieving/sustaining change）139；援助政策集中在（aid agencies focusing on）136-137；资本绕行（capital bypassing）88-91；资本流入（capital inflow of）87-91，95；资本流出（capital outflow of）91-93；内战（civil war）17-18；沿海经济体（coastal economy）121；政变作为问题（coups as problem for）131；民主（Democracy in）71；与世界其他经济体分化（diverging from rest of world economy）4；经济政策（economic policy in）179，191；经济改革（economic reform in）143；选举竞争（electoral competition in）146；出口多样化作为问题的答案（export diversification as answer for）166-167；失败国家（failing states）69；全球经济一体化（global economy integrating）93；全球市场一体化（global market integrating）86；全球化的后果（globalization consequences for）81，95；治理（governance in）136，179，185；政府（governments of）4-5，190；增长率（growth rates）9-12，35，100；改善 improvement in,9-10；收入（income in）8-9；预期寿命（life expectancy of）7；长期营养不良（long-term malnutrition in）8；边缘化（marginalization）79-96；迁徙相关（migration relating to）93-95；军费开支（military spending in）133；朝向变革移动（moving toward change）12；新出口市场（new export markets of）170；石油收入（oil revenue）101；政客（politicians in）66-67；提升增长率（raising growth in）12；现实（reality of）3；投资的风险（risk of investment）88-89；避风港（safe haven for）135；社会之中的斗争（struggle within societies）192；贸易壁垒（trade barriers）160-163；贸易相关（trade relating to）81-87；陷阱与停滞不前（traps v. limbo）96；陷阱之中（traps within）37；投票（voting）45；在世界贸易组织里（in WTO）170-172

M 译丛
imaginist [MIRROR]

001　没有宽恕就没有未来
　　　[南非] 德斯蒙德·图图 著

002　漫漫自由路：曼德拉自传
　　　[南非] 纳尔逊·曼德拉 著

003　断臂上的花朵：人生与法律的奇幻炼金术
　　　[南非] 奥比·萨克斯 著

004　历史的终结与最后的人
　　　[美] 弗朗西斯·福山 著

005　政治秩序的起源：从前人类时代到法国大革命
　　　[美] 弗朗西斯·福山 著

006　事实即颠覆：无以名之的十年的政治写作
　　　[英] 蒂莫西·加顿艾什 著

007　苏联的最后一天：莫斯科，1991年12月25日
　　　[爱尔兰] 康纳·奥克莱利 著

008　耳语者：斯大林时代苏联的私人生活
　　　[英] 奥兰多·费吉斯 著

009　零年：1945：现代世界诞生的时刻
　　　[荷] 伊恩·布鲁玛 著

010　大断裂：人类本性与社会秩序的重建
　　　[美] 弗朗西斯·福山 著

011　政治秩序与政治衰败：从工业革命到民主全球化
　　　[美] 弗朗西斯·福山 著

012　罪孽的报应：德国和日本的战争记忆
　　　[荷] 伊恩·布鲁玛 著

013　档案：一部个人史
　　　[英] 蒂莫西·加顿艾什 著

014　布达佩斯往事：冷战时期一个东欧家庭的秘密档案
　　　[美] 卡蒂·马顿 著

015　古拉格之恋：一个爱情与求生的真实故事
　　　[英] 奥兰多·费吉斯 著

016　信任：社会美德与创造经济繁荣
　　　[美] 弗朗西斯·福山 著

017　奥斯维辛：一部历史
　　　[英] 劳伦斯·里斯 著

018　活着回来的男人：一个普通日本兵的二战及战后生命史
　　　[日] 小熊英二 著

019　我们的后人类未来：生物科技革命的后果
　　　[美] 弗朗西斯·福山 著

020　奥斯曼帝国的衰亡：一战中东，1914—1920
　　　[英] 尤金·罗根 著

021　国家构建：21世纪的国家治理与世界秩序
　　　[美] 弗朗西斯·福山 著

022　战争、枪炮与选票
　　　[英] 保罗·科利尔 著

023　金与铁：俾斯麦、布莱希罗德与德意志帝国的建立
　　　[美] 弗里茨·斯特恩 著

024　创造日本：1853—1964
　　　[荷] 伊恩·布鲁玛 著

025　娜塔莎之舞：俄罗斯文化史
　　　[英] 奥兰多·费吉斯 著

026　日本之镜：日本文化中的英雄与恶人
　　　[荷] 伊恩·布鲁玛 著

027　教宗与墨索里尼：庇护十一世与法西斯崛起秘史
　　　[美] 大卫·I. 科泽 著

028　明治天皇：1852—1912
　　　[美] 唐纳德·基恩 著

029　八月炮火
　　　[美] 巴巴拉·W. 塔奇曼 著

030　资本之都：21世纪德里的美好与野蛮
　　　[英] 拉纳·达斯古普塔 著

031　回访历史：新东欧之旅
　　　[美] 伊娃·霍夫曼 著

032　克里米亚战争：被遗忘的帝国博弈
　　　[英] 奥兰多·费吉斯 著

033　拉丁美洲被切开的血管
　　　[乌拉圭] 爱德华多·加莱亚诺 著

034　不敢懈怠：曼德拉的总统岁月
　　　[南非] 纳尔逊·曼德拉、曼迪拉·蓝加 著

035　圣经与利剑：英国和巴勒斯坦——从青铜时代到贝尔福宣言
　　　[美] 巴巴拉·W. 塔奇曼 著

036　战争时期日本精神史：1931—1945
　　　[日] 鹤见俊辅 著

037　印尼Etc.：众神遗落的珍珠
　　　[英] 伊丽莎白·皮萨尼 著

038　第三帝国的到来
　　　[英] 理查德·J. 埃文斯 著

039　当权的第三帝国
　　　[英] 理查德·J. 埃文斯 著

040　**战时的第三帝国**
　　　［英］理查德·J. 埃文斯 著

041　**耶路撒冷之前的艾希曼：平庸面具下的大屠杀刽子手**
　　　［德］贝蒂娜·施汤内特 著

042　**残酷剧场：艺术、电影与战争阴影**
　　　［荷］伊恩·布鲁玛 著

043　**资本主义的未来**
　　　［英］保罗·科利尔 著

044　**救赎者：拉丁美洲的面孔与思想**
　　　［墨］恩里克·克劳泽 著

045　**滔天洪水：第一次世界大战与全球秩序的重建**
　　　［英］亚当·图兹 著

046　**风雨横渡：英国、奴隶和美国革命**
　　　［英］西蒙·沙玛 著

047　**崩盘：全球金融危机如何重塑世界**
　　　［英］亚当·图兹 著

048　**西方政治传统：近代自由主义之发展**
　　　［美］弗雷德里克·沃特金斯 著

049　**美国的反智传统**
　　　［美］理查德·霍夫施塔特 著

050　**东京绮梦：日本最后的前卫年代**
　　　［荷］伊恩·布鲁玛 著

051　**身份政治：对尊严与认同的渴求**
　　　［美］弗朗西斯·福山 著

052　**漫长的战败：日本的文化创伤、记忆与认同**
　　　［美］桥本明子 著

053　**与屠刀为邻：幸存者、刽子手与卢旺达大屠杀的记忆**
　　　［法］让·哈茨菲尔德 著

054　**破碎的生活：普通德国人经历的20世纪**
　　　［美］康拉德·H. 雅劳施 著

055　**刚果战争：失败的利维坦与被遗忘的非洲大战**
　　　［美］贾森·斯特恩斯 著

056　**阿拉伯人的梦想宫殿：民族主义、世俗化与现代中东的困境**
　　　［美］福阿德·阿贾米 著

057　**贪婪已死：个人主义之后的政治**
　　　［英］保罗·科利尔　约翰·凯 著

058　**最底层的十亿人：贫穷国家为何失败？**
　　　［英］保罗·科利尔 著